마에다 켄의
투구 메커니즘 1
투수 이론편

PITCHING MECHANISM BOOK RIRON-HEN
: PITCHING NO SHIKUMI by Ken Maeda

Copyright © Ken Maeda, 2010
All rights reserved.
Original Japanese edition published by BASEBALL MAGAZINE SHA Co.,Ltd.

Korean translation copyright © 2017 by WMedia
This Korean edition published by arrangement with BASEBALL MAGAZINE SHA Co.,Ltd.
Tokyo, through HonnoKizuna, Inc., Tokyo, and Carrot Korea Agency.

ピッチングメカニズムブック － ピッチングの仕組み

마에다 켄의
투구 메커니즘 **1**
투수 이론편

마에다 켄前田健 지음 | 이정환 옮김

〈마에다 켄의 투구 메커니즘〉은 투구의 본질에 대해 과학적인 근거를 통해 섬세하게 알 수 있도록 한다. '동작의 구조'에 바탕을 두고 기본을 충실하게 쓴 기술서란 점에서 참신하다. 동작의 구조를 이해하면 투구 개념을 보다 명확히 알 수 있으며, 이를 바탕으로 투구 지도 시 잘못된 유형의 원인과 결과 그리고 대안을 명확히 밝혀낼 수 있기 때문이다. 이는 무엇보다 자라나는 선수들의 부상 예방에 도움이 될 수 있다. 선수, 지도자는 물론 야구 동호인에게도 도움이 되는 책이다.

허구연(KBO 야구발전위원장)

추천사 2

한국 야구시장에서 야구의 기술서적이 부족한 실정에서 마에다 선생님의 야구 기술서적의 출간은 선수와 야구 종사자들에게 매우 유익한 자료가 될 것이라고 생각됩니다. 이론적 배경을 모르고 따라하는 야구가 아닌 이론을 이해하고 그 이론을 몸으로 익히는 선수가 된다면, 부상을 예방하고 경기력을 향상시키는데 큰 도움이 될 것이라고 생각합니다.

김병곤(2016 프리미어 12 국가대표팀 트레이너/ 스포사 재활센터 원장)

투수가 본인의 신체를 효율적으로 잘 사용할 줄 알고 무리 없이 공을 던지면 부상 없이 좋은 경기력을 보일 가능성은 높아진다. 하지만 성장기에 과도하게 사용하거나 몸을 효율적으로 사용하지 못하면 부상이 찾아오고 좋은 경기력도 기대할 수 없다.

부상 없이 좋은 경기력을 발휘하기 위해서는 다양한 조건이 있지만 무엇보다도 좋은 투구 폼을 몸에 익히는 것이 중요하다. 특히 어린 시절 야구를 시작하면서 좋은 투구 폼을 몸에 익히는 것은 성공하는 야구 선수가 되기 위한 조건 중 가장 큰 선물일 것이다.

본인은 야구 현장과 병원에 근무하면서 많은 지도자와 학부모 그리고 선수들과 상담을 하면서 "좋은 투구 폼은 과연 어떤 것인가요?" 또는 "지금의 부상과 투구 폼은 어떤 연관이 있는가요?" 등에 대하여 다양하고 심도 있는 많은 질문을 받았다. 그럴 때마다 투구 폼은 잘 설명하기도 어렵고, 이해시키기는 더욱 어려웠다.

자동차가 고장 나거나 이상이 생기면 정비사가 정비지침서에 따라서 정비를 한다. 투구도 인체를 움직이는 인체 지도가 있다. 즉 기능 해부와 역학적 구조이다. 이것을 정확하게 이해하고 알아야 무엇이 문제인지를 진단하고 교정해서 올바른 투구 폼으로 만들 수 있다. 그러나 현장에서는 이러한 과학적 원리를 무시하고 지도자의 경험이나 감에 지나치게 의존하여 선수가 본인의 문제를 제대로 이해하지 못하는 경우가 많다.

1초에 어깨를 20번 돌리는 속도로 움직이는 야구선수의 투구동작은 온 몸의 기능을 적절한 타이밍과 운동사슬(Kinetic chain) 그리고 협응으로 짧은 시간에 폭발적 에너지가 동원되는 과학적 원리에 의해 이루어진다. 하지만 어느 한 구간에서의 잘못된 에너지 전달방식은 결국 부상이나 좋지 못한 투구로 인해 경기력 저하로 이어져 선수 생명과 연결된다. 그만큼 피칭 메카닉은 복잡하고 짧은 시간에 이루어지므로 일반인이 이해하기가 어렵고, 때론 전문가들도 많은 고민에 빠지게 된다.

이 책은 무엇보다도 많은 지도자나 선수 그리고 부모님도 투구를 쉽게 이해하고 접근할 수 있도록 사진과 과학적 정보를 담고 있어 향후 현장에서 많은 지도자들이 효과적으로 이용할 수 있으며, 부모님이나 선수들도 투구를 쉽게 이해하고 접근할 수 있다고 판단된다. 25년 이상 스포츠의학 분야에서 종사한 본인에게도 이제나마 투수들에게 좋은 책이 나온 것에 깊이 감사를 드리고, 향후 이 책의 좋은 정보가 우리나라에서도 완성도 높은 좋은 투수가 많이 성장하기를 희망하며, 감히 이 책을 추천해드립니다.

한경진(KBO 육성위원회 / 선수촌병원 재활원장)

지인의 소개를 통해서 작년에 처음으로 마에다 씨를 만나 투구 폼에 관한 그의 강연을 경청했다. 솔직히 10여 년 전부터 야구선수를 중심으로 어깨와 팔꿈치 부상을 치료하는 전문적인 일에 종사해 왔지만 투구 폼에 대해서는 그저 막연하게 이해하고 있었을 뿐이다. 수많은 야구관계자나 이학요법사의 이야기를 듣거나 책을 읽어보는 과정을 통하여 얻은 '올바른' 투구 폼이라는 것은 결국 본인의 학창시절 야구 경험이라는 필터를 통하여 감각적으로만 갖게 된 것들이었다.

하지만 마에다 씨의 '투구 메커니즘' 이론은 달랐다. 기존의 '감각이나 이미지'에 근거를 둔 인식 방법이 아니라 과학적인 동작의 구조에 바탕을 둔 이론이기 때문이다. 최대의 '병진운동拉進運動'과 '회전운동'을 통하여 만들어진 에너지가 공에 가장 효과적으로 전달되려면 신체는 이러이러한 식으로 움직여야 한다는 지극히 당연한 이론을 과학적으로 이해하기 쉽게 설명해주었던 것이다. 이것은 마에다 씨의 야구 경험과 프로야구나 사회인 야구에서의 트레이닝 코치로서의 경험, 나아가 쓰쿠바筑波 대학과 대학원에서의 연구자로서의 경험, 그리고 무엇보다 그의 야구에 대한 뜨거운 열정이 만들어낸 것이다. 그것이 '투구 메커니즘' 이론이다.

대부분의 의료관계자는 야구의 투구동작 자체가 지나치게 사용할 경우(이른바 오버유스overuse) 어깨나 팔꿈치에 당연히 문제가 발생한다고 말한다. 하지만 나는 이 오버유스라는 말이 왠지 마음에 들지 않았다. 왠지 스포츠 닥터나 정형외과 의사들이 적당히 '빠져나가기 위해' 상투적으로 사용하는 문구인 듯한 느낌이 들기 때문이다.

　나는 전부터, 정말 올바른 투구 폼은 아름답고 퍼포먼스가 좋으며 단적으로 말해서 어깨나 팔꿈치의 장애를 오히려 예방하는 것이 아닌가 하는 생각을 가지고 있었는데, 마에다 씨의 '투구 메커니즘' 이론은 그것을 잘 실증해주었다. '투구 메커니즘'만 정확하게 이해하고 실행한다면 아무리 많은 공을 던져도(오버유스를 해도) 어깨나 팔꿈치에는 이상이 발생하지 않을 것이라는 생각이 든다.

스가야 히로유키菅谷啓之
(후나바시船橋 정형외과 스포츠의학센터 어깨 관절·팔꿈치관절 외과부장)

Contents

※ 이 책은 2005년부터 2009년에 걸쳐 『베이스볼 클리닉』에 연재했던 '베이스볼 키네틱 트레이닝'을 대폭으로 수정, 가필하여 정리한 것이다.

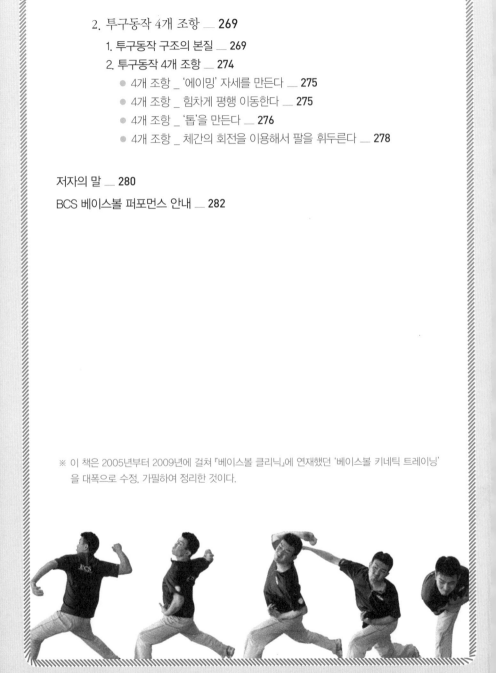

투구의
기본 메커니즘

1

제 장

1. 투구의 개요

1. 힘이 전달되는 기본 구조

투구동작에 필요한 신체 사용 방법을 이해하려면 우선 전체적인 동작을 통하여 힘이 어떤 식으로 전달되는지 기본적인 전달 구조를 거시적인 관점에서 이해해야 한다.

투구동작은 하반신에서 발생한 힘을 최종적으로 공까지 전달하는 것인데, 그 연동 구조는 크게 나누어 '병진운동並進運動'과 '회전운동'이라는 두 가지 운동에 의해 성립된다. '병진운동'이란 포수를 향하여 옆으로 선 상태에서 일직선으로 진행해가는 스텝 동작을 가리키며, 투구 방향으로 향하는 에너지와 운동의 방향성을 낳기 위한 것이다. 한편 '회전운동'이란 스텝에 이어 착지 이후의 체간體幹(몸의 중심축을 이루는 부분)의 회전을 가리키며 이 회전은 팔을 휘두르기 위한 직접적인 동력으로 작용한다.

하지만 모든 선수가 이 '병진운동'과 '회전운동'을 충분히 살려서 공을 던지는 것은 아니다. 오히려 대부분의 선수가 이 운동들을 충분히 살리지 못하고 있기 때문에 투구 폼에 문제가 발생한다.

따라서 효과적인 투구동작으로서 몸에 갖추어야 할 내용을 간단히 표현한다면 "'병진운동'과 '회전운동'이라는 각각의 역할이 최대한 달성되어 발생한 힘을, 팔을 휘두를 때에 남김없이 이용할 수 있는 신체 사용 방법"이라고 말할 수 있다.

2. '병진운동'의 의미와 중요성

지금 어떤 장소에서 한 쪽 다리를 들어올리는 동작에서부터 시작되는 캐치볼을 하고 있다고 상상해보자. 시작하기 전에 두 사람의 거리를 점점 벌려, 있는 힘을 다해 던져도 노바운드로는 도달할 수 없을 정도의 거리까지 벌어졌을 때 "어떤 행동을 해도 상관없으니까 상대방에게 노바운드로 공이 도달할 수 있도록 던져보라"고 말한다면 어떻게 할까. 아마 도움닫기를 해서 파워를 더하여 던질 것이다.

가능하면 멀리 공을 던지려고 할 때, 바꾸어 말하면 가능하면 빨리 공을 던지려고 할 때에 나이, 성별, 폼에 관계없이 모든 사람에게 공통되는 가장 간단하고 효과적인 방법은 '도움닫기를 한다'는 것이다. 기록을 다투는 창던지기 종목에서 선수들이 반드시 도움닫기를 하는 모습을 보아도 알 수 있듯 '던진다'는 운동의 속도에 관한 효과를 최대로 살리기 위해 빼놓을 수 없는 동작이 도움닫기다.

그렇다면 공을 던질 때의 도움닫기는 어떤 것이며, 어떤 작용이 있을까. 그것은 '던진다'는 동작을 하기 전에 체중(중심)을 투구 방향으로 진행시켜 투구 방향으로 향하는 힘을 낳고, 그 힘을 '던진다'는 동작에 활용해서 팔을 휘두르는 속도를 보다 빠르게 하려는 것이다. 목표 방향을 향해서 중심을 진행시키는 이 운동을 '병진운동'이라고 부르며, 그에 의해 발생하는 수평 방향의 힘을 '병진 에너지'라고 부른다.

'병진운동'의 이동 속도가 클수록 보다 큰 '병진 에너지'가 발생한다. 중량이 같은 자동차라도 사고가 발생했을 경우에 속도가 높은 쪽이 더 크게 파손되는 이유는 그 때문이다. 그리고 보다 큰 '병진 에너지'는 내딛는 다리가 땅에 닿을 때에 발생하는 앞쪽 고관절의 브레이크 역할을 하는 힘도 자동으로 강하게 만들어준다. 그 때문에 내딛는 다리가 착지할 때에는 투구 방향으로 계속 이동하려는 커다란 관성력과 그에 대해 역 방향으로부터 발생하는 강력한 브레이크에 의해 골반에서 상체에 걸쳐 투구 방향으로의 이동을 동반하는 날카로운 '회전운동'이 발생한다. 이 '회전운동' 속도는 팔을 휘두르는 속도에 직접적으로 영향을 끼치기 때문에 빠른 공을 던지려면 도움닫기를 통하여 발생하는 강한 '병진 에너지'를 이용하여 '회전운동'의 속도를 높여야 한다.

하지만 투수는 좁은 마운드 위에서 도움닫기를 할 수 없다. 그렇기 때문에 플레이트에서 이루어지는 한 걸음의 스텝을 활용하여, 도움닫기를 했을 때와 비슷한 '병진운동' 효과를 최대로 만들어내는 것이 하반신의 매우 중요한 역할이다.

현재 많은 선수들에게 폼을 지도하는 과정에서 느끼는 점은 이 하반신에서의 '병진운동'이 충분히 이루어지고 있는가 하는 점에서 볼 때 프로와 아마추어는 큰 차이가 있다는 것이다. 아마추어 선수들은 효과적인 '병진운동'을 하기 위한 하반신 사용 방법이 충분히 갖추어져 있지 않다. 대부분의 경우 공을 던지는 메인 동작인 '회전운동' 이후가 강조되고 있기 때문에 "먼저 투구 방향으로 몸을 이동시키는 것이 중요하다"는 인식이 부족한 듯하다. 스텝을 밟을 때에 '병진운동'에 의해 발생한 에너지를 출발점으로 삼아 그 힘을 증폭시켜서 손가락 끝까지 전달하는 것이 투구동작이라는 관점에서 보면, 그 힘의 출발점이 되는 스텝의 의미와 중요성을 좀 더 분명하게 인식해야 한다.

3. '회전운동'과 퍼포먼스의 관계

다음으로 '병진운동'에 이어지는 '회전운동'에서는 착지하기 직전까지 회전을 최대한 늦추었다가 착지 이후에 단번에 회전하는 것이 중요하다. 흔히 말하는 '열리면 안 된다'는 것이다.

'빨리 열린다'는 것은 스텝이 착지하기 전에 미리 골반이나 상체에 회전이 시작되어 투구 방향으로 향하게 되는 상태를 가리키며(사진1-1), '열리지 않는다'는 것은 스텝이 착지할 때까지 골반과 상체에 회전이 발생하지 않아 방향이 전혀 바뀌지 않은 상태로 이동하는 것을 가리킨다 (사진1-2).

'빨리 열리면' 왜 나쁘다는 것일까. 골반의 회전은 골반이 방향을 바

사진 1-1 빨리 열리는 스텝 동작

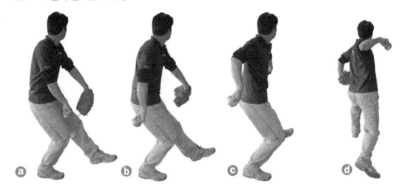

사진 1-2 열리지 않는 스텝 동작

꾸는 지점에서부터 시작된다. 그런데 착지 이전에 너무 이른 타이밍에서 골반이 회전을 시작하면 착지한 시점에는 남아 있는 골반의 '회전량'이 줄어들어 그 후의 '회전운동' 속도가 늦어져버리기 때문이다.

또 회전이 빨리 시작되면 골반뿐 아니라 상체까지 투구 방향으로 빨리 향하게 되는(사진 1-1), 이른바 '어깨가 빨리 열리는' 상황이 발생하게 되고, 테이크 백take back의 '톱Top'의 위치가 낮아지며, '톱'에서부터 릴리

사진 1-3 상체가 진입했을 경우의 가속거리   사진 1-4 상체가 남아 있는 경우의 가속거리

사진 1-5 상체를 뒤에 남긴 자세에서의 투구동작

스 포인트release point(투수가 쥐고 있는 공을 마지막으로 놓는 위치)까지의 공의 가속거리가 짧아진다. 이런 현상들 역시 공의 속도에 마이너스 작용을 한다.

이것은 이론적으로 보면, 비행기가 이륙을 할 때 기체가 떠오를 수 있는 속도에 도달하기 위해 긴 활주로가 필요한 것과 같아서, 공의 출발 속도를 올리려면 릴리스에서 보다 긴 가속거리를 만드는 것이 바람직하다는 단순한 이야기다. 그렇기 때문에 어깨가 부드러운 투수는 근력이 좀 부족하더라도 빠른 공을 던질 수 있다.

사진 1-6 진입한 상태에서 착지를 한 경우에 체간이 진행하는 방향

사진 1-7 상체를 남겨두고 착지를 한 경우에 체간이 진행하는 방향

공의 가속거리에는 신체가 '열리는' 문제뿐 아니라 상체의 각도도 관계가 있다. 스텝이 착지하는 시점에서 머리의 위치가 골반 중앙을 기준으로 앞뒤 어느 쪽에 있는가 하는 것, 이른바 상체의 '진입' 문제다. 앞으로 진입해 있으면 당연히 가속거리는 짧아지고(사진 1-3), 뒤에 남아 있으면 가속거리는 길어진다(사진1-4).

완전히 착지한 시점에서는 골반은 수평이 되고 상체는 '병진운동'의

사진 1-8 허리를 앞으로 접듯 사용하는 투구방식

사진 1-9
에이밍

사진 1-10
에이밍

관성력에 의해 골반 바로 위로 이동하기 때문에 실제로는 착지를 맞이하기 직전까지 상체를 뒤쪽에 남겨둔 채로 '병진운동'을 해야 한다(사진 1-5 a, b).

이처럼 공의 가속거리를 길게 잡으면 빠른 공을 던지는 데에 매우 유리하게 작용할 뿐 아니라 컨트롤이라는 측면에서도 도움이 된다.

〈사진 1-6〉처럼 앞으로 진입한 자세에서 회전동작을 시작하면 체간

이 진행하는 방향은 아래를 향하게 되지만, 〈사진 1-7〉처럼 상체를 뒤에 남겨둔 자세에서 회전동작을 시작하면 체간의 진행 방향은 투구 방향으로 수평을 이룬다. 체간이 진행하는 방향은 팔을 휘두르는 힘의 방향성이 되기 때문에 팔을 휘두르는 데에도 수평의 방향성을 만들 수 있다.

이처럼 팔을 휘두를 때에 수평의 방향성을 만들고 공을 가속시키기 위한 이동거리를 보다 길게 만들면 릴리스까지 공이 그리는 이동 궤적은 가로로 긴 타원형 궤도에 가까워진다(사진 1-5). 원형 궤도에 가까울수록 릴리스 타이밍에서 발생하는 약간의 차이가 커다란 컨트롤 미스와 연결되고, 타원형 궤도에 가까울수록 타이밍에 어느 정도 차이가 있더라도 공의 진행 방향의 차이는 줄어든다.

머리를 앞으로 들이미는 투수나 골반에서 가슴까지의 상체를 투구 방향으로 빨리 향하는 투수는 릴리스까지의 공의 궤적이 원형 궤도에 가까워진다. 그뿐 아니라 부족한 가속거리를 보완하기 위해 허리를 앞으로 접어 인사를 하는 듯한 동작을 보이기도 한다(사진 1-8). 하지만 그런 동작은 릴리스 포인트를 일정하게 유지하기 어렵기 때문에 공이 빠지거나 위아래로 흔들리기 쉽다.

여기에서 설명하고 있는, 스텝의 착지를 맞이하는 국면에는 투구동작 전체 중에서도 특히 중요한 포인트들이 집중되어 있다. 도움닫기로서의 스텝이 '보조 작용'에 해당한다면 착지 이후의 '회전운동'에서 팔을 휘두르는 것이 실제로 공을 던지는 메인 동작이며, 그 출발이 되는 착지 시점에서의 자세가 그 후의 메인 동작을 결정하기 때문이다. 나중에 설명할 테이크 백에서 '톱'을 준비하는 것 역시 이 부분에 해당한다.

착지를 맞이할 때 상체의 '어깨가 열리는 현상을 억제하고 머리를 뒤에 남겨두는 자세'를 '에이밍'이라고 부른다(사진 1-9, 10). 나는 쓰쿠바대학 야구부 시절, 은사이신 구누기 야스오功力靖雄 전 감독으로부터 이 '에이밍'의 중요성을 배웠다. 어깨 너머로 목표를 포착하고 겨냥하는 듯한 자세라는 이유로 '에임aim(겨냥, 조준)'이라는 단어에서 따서 '에이밍'이라고 부른다. 상체에 이 '에이밍' 자세를 갖추고 착지를 맞이하는 것은 투수나 야수를 비롯한 모든 포지션에 공통되는, 투구나 송구 동작에서 가장 중요하다고 말할 수 있는 포인트다.

4. 체간과 팔의 연동에서의 기본적 구조

팔을 휘두르는 동작에서 '병진운동'과 '회전운동'을 통하여 얻은 힘을 공에 최대한 전달하기 위해 가장 중요한 포인트는 체간의 '회전운동'이 시작되기까지 두 어깨를 연결한 선의 연장선 위(등 쪽)로 팔꿈치를 당겨놓는 것이다(사진 1-11, 12의 각 a).

팔꿈치가 두 어깨를 연결한 선의 연장선 위에 있는 상태에서는 위팔(어깨부터 팔꿈치까지의 부위)은 체간의 회전축과 직각으로 교차한다. 체간의 회전에 의해 발생하는 팔꿈치의 이동거리와 이동속도는 이때 가장 커지기 때문에 이 포지션은 역학적으로 볼 때 체간의 회전력을 팔에 가장 크게 전달할 수 있는 팔꿈치의 위치다.

사진 1-11 체간과 팔의 연동

사진 1-12 체간과 팔의 연동

또 팔꿈치(견갑골)를 등 쪽으로 당겨 놓은 상태에서는 위팔과 체간이 하나가 되는데, 그것에 의해 체간의 모든 움직임은 팔의 움직임과 연결되기 때문에 체간의 회전을 이용해서 팔을 '휘두르기' 위해서는 매우 중요한 포인트가 된다.

테이크 백에서 끌어올린 팔이 체간의 '회전운동'에 의해 투구 방향으로 진행하기 전까지의 포지션을 테이크 백의 '톱'이라고 부른다. 즉 체간의 회전과 팔의 연동을 위해서는 이 '톱'의 포지션에서 팔꿈치가 어깨 높이로 올라가 등 쪽으로 당겨진 상태에서 고정되어 있어야 한다는 것이다.

그리고 체간의 회전에 의해 팔이 휘둘려지는 힘이 공을 쥔 손의 가속으로까지 연결되려면 팔(특히 아래팔 부분. 팔꿈치에서 손목까지의 부위)에 힘이 들어가지 않아야 한다는 점도 중요하다. 팔에 힘이 들어가 있지 않으면 체간의 회전에 의해 팔꿈치가 빠르게 앞쪽으로 휘둘려지기 때문에 공을 쥔 손은 일단 머리 뒤쪽에 남아 있다가 팔꿈치의 바로 뒤를 따라 움직여, 어깨가 강제로 바깥쪽으로 돌아가는 이른바 '휘어지는' 현상이 나타난다(사진 1-11, 12의 각 a~c).

이 '휘어지는' 현상이 충분할수록 상체가 확실하게 회전한 뒤에 팔이 그 뒤를 따라 나가게 된다. 따라서 릴리스 포인트는 더 앞쪽이 되며, 공의 가속거리도 보다 길어지기 때문에 속도와 컨트롤이라는 측면에서 모두 유리해지는 것이다.

이렇게 강제로 '휘어지는' 현상에 의해 머리 뒤쪽에서 팔꿈치 바로 뒤쪽을 따라 나온 아래팔은 '체간 회전운동'의 원심력에 의해 두 어깨부터 팔꿈치를 연결하는 선의 연장선 위에서 바깥쪽 방향으로 내던져지듯 뻗어나가 두 어깨와 팔꿈치, 손이 모두 일직선상으로 늘어서면서 손끝이 최고속도에 도달할 수 있는 가장 먼 위치에서 공을 던질 수 있게 되는 것이다(사진 1-11, 12의 각 d).

이처럼 팔을 체간의 '회전운동'에 의해 '휘둘려지듯' 사용하는 방법을 통하여 '원심력'을 최대한 활용할 수 있으며, 최고속도의 릴리스를 실현할 수 있다. 팔 자체나 어깨 주변의 힘을 이용해서 '휘두르면' 안 되는 것이다.

1→4정리

1. 강한 '병진운동'을 통하여 투구 방향으로 보다 큰 에너지를 낳는다.
2. 착지 직전까지 골반의 회전을 억제했다가 착지한 이후에 단번에 회전시킨다.
3. 상체는, 착지를 맞이하기 직전까지는 어깨 너머로 투구 방향을 확인하고 머리를 뒤쪽에 남겨둔 '에이밍' 자세를 취하고 있어야 한다.
4. 착지를 맞이하는 타이밍에서, 팔꿈치를 두 어깨의 연장선 위에서 등 쪽으로 당겨 놓는 테이크 백의 '톱'을 만든다. 이 '톱'의 위치에서의 '병진운동'과 '회전운동'을 통하여 만들어낸 힘이 그대로 팔에 전달된다.
5. 원심력을 살린 최고속도의 볼 릴리스를 실현하기 위해 팔의 힘을 빼서 체간의 회전에 의해 팔이 '휘둘려지는' 현상을 유도한다.

하반신 동작의
메커니즘

제 2 장

1. 스텝 동작의 구조

1. 스텝에서 필요한 동작

제1장에서는 투구동작 전체를 거시적인 관점에서 바라보고 힘이 전달되는 기본적인 구조를 정리했다. 그 중에서 중요한 점은 '병진운동'을 통하여 투구 방향으로 직선적으로 향하는 보다 큰 에너지를 낳는 것, 그리고 그 '병진운동'의 종점인 착지 바로 전까지 골반의 회전을 억제했다가 착지한 뒤에 단번에 '회전운동'을 하는 것이라고 설명했다.

그런 점에서 '병진운동', 바꾸어 말하면 스텝에 필요한 동작은 '골반에 회전을 주지 않은 상태에서 골반(중심)을 투구 방향으로 힘차게, 또한 곧장 진행시킬 수 있는 관절 활용방법'이다.

반대로 표현한다면 '골반에 회전이 발생하는 관절 활용방법'은 효과적이지 않다는 뜻이다.

2. 스텝 동작에서의 축각軸脚(축이 되는 다리)의 중요성

스텝이란 '발을 내딛는 것'을 의미하는 말이지만, 여기에서의 스텝은 내딛는 다리를 앞으로 움직이는 동작이 아니라 '축각만의 움직임으로 이동해 간다'는 의미가 되어야 한다.

스텝의 폭에 관해서 '여섯 발 반', '일곱 발' 등을 제시하는 경우가 많지만 '스텝의 폭=병진운동'은 아니기 때문에 그 폭의 크기에 절대적인 의미는 없다. 다른 선수와 비교하기 위한, 또는 같은 폭의 스텝을 안정적으로 밟기 위한 기준일 뿐이다.

'병진운동'은 중심의 수평이동이기 때문에 중요한 것은 착지 위치가 아니라 골반의 이동거리다. 그리고 골반의 이동거리를 최대한으로 만들기 위해 필요한 것은 착지까지 '축각이 최대한 뻗는 것'이다(사진 2-1).

실제로 실행해 보면 알 수 있지만 축각의 무릎이 구부러진 채 착지를 하면 허리(중심)의 이동거리는 상당히 줄어든다(사진 2-2). 반대로, 축각이 한껏 뻗으면 이동거리는 길어진다. 그리고 그 이상의 차이는 이동할 때의 파워다. '병진 에너지'를 크게 하려면 중심의 이동속도가 중요한데 '축각이 한껏 뻗는다'는 것은 중심이동의 가속거리가 길어진다는 의미이기 때문에 그것만으로도 이동속도가 증가하는 것이다.

한편 내딛는 다리는 축각이 만들어내는 '병진 에너지'를 받아내기 위해 움직이기 때문에 축각의 움직임에 의해 진행된 중심을 확실하게 받아내기 위해 필요한 위치까지 앞으로 뻗기만 하면 되는 것이며, 필요 이상으로 투구 방향으로 길게 뻗어 스텝의 폭을 넓힐 필요는 없다. 축

사진 2-1 축각이 한껏 뻗은 착지 자세

사진 2-2 축각이 구부러진 상태의 착지 자세

각을 최대한 뻗은 상태에서 내딛는 다리까지 지나치게 앞으로 뻗어 착지를 하게 되면 스텝의 폭이 너무 넓어지기 때문에 착지를 한 뒤에 골반을 회전시키면서 투구 방향으로 진행시키는 동작이 자연스럽게 이루어지기 어렵다. 이른바 '앞으로 힘이 실리지 않는', '허리가 빠진' 회전이 되어 오히려 역효과인 것이다.

스텝에서 중요한 것은 우선 축각의 움직임에 의한 골반의 이동이 힘차게 이루어지는 것이며, 내딛는 다리가 착지 준비에 들어가는 것은 그 이후다.

내딛는 다리가 착지 준비에 들어간다는 것은 내딛는 다리를 골반보다 투구 방향으로 더 움직이게 된다는 것인데, 그 동작이 빨리 이루어지면 골반이 빨리 회전하게 되는 원인으로 작용한다. 즉 축각이 충분히 뻗어지지 않은 상태에서 내딛는 다리를 투구 방향으로 움직이게 되면 내딛는 다리의 움직임에 의해 골반의 이동이 충분히 이루어지지 않은 상태에서 회전이 시작되는 것이다.

따라서 스텝 동작은 최대한 '축각만의 움직임으로 이동'하는 것처럼 실행해야 하며, 내딛는 다리는 골반의 이동에 이끌리듯 뒤따라 투구 방향으로 이동하게 해서 '병진 에너지'를 받아내도록 하고, 그 뒤에 이어지는 '회전운동'에 지장이 발생하지 않는 최소한의 타이밍에서 착지 자세로 들어가야 한다. 이것이 스텝 동작에서, 엉덩이부터 투구 방향으로 진행해 가는 '힙 퍼스트'라고 불리는 동작을 중요시하는 이유 중의 하나다.

흔히 다리를 올릴 때의 동작에 관하여 "축각 방향으로 몸을 비틀면 그 반동에 의해 허리가 열리기 때문에 비틀면 안 된다"고 지도하는 경우가 있는데, 이것은 완전히 잘못이다. "비틀면 열리고, 비틀지 않으면 열리지 않는다"거나 타격에서 "아무리 노력해도 열려버린다면 반대로 오픈 스탠스에서 발을 디디면 열리지 않는다"는 단락적인 것이 문제가 아니기 때문이다.

몸을 비튼 이후에 허리가 열리는 이유는 축각이 제 역할을 하지 않기 때문이다. 축각을 이용해서 골반을 이동시키기 전에 내딛는 다리를 투구 방향으로 옮기려 하니까 축각 위에서 골반이 회전하는 것이다(사진 2-3). 예를 들어, 투구 방향으로 완전히 등을 향할 정도로 비틀었다고 해도 내딛는 다리를 내리기 전에 축각을 투구 방향으로 기울여 골반으로 밀고나가면 골반 위의 상체는 뒤를 향한 채 이동을 시작하고, 내딛는 다리는 그 이동을 뒤따르듯 움직인다. 그리고 축각에 의한 골반의 이동이 계속 선행하는 한, 열리는 일은 없다(사진 2-4). 그렇기 때문에 '비틀면 열

사진 2-3 뒤쪽으로 비틀린 자세에서 내딛는 다리를 앞으로 내미는 스텝

사진 2-4 뒤쪽으로 비틀린 자세에서 축각을 기울여가는 스텝

린다'를 문제시하는 것은 착안점이 잘못된 것이다. 허리가 열리는 이유
는 비트는 동작이 나빠서가 아니라 축각을 사용하는 방법이 나빠서다.

3. 허리가 열리는 축각 사용 방법

〈사진 2-5, 6〉은 허리가 빨리 열려버리는 전형적인 축각 사용 방법

사진 2-5 허리가 빨리 열리는 축각의 움직임

사진 2-6 허리가 빨리 열리는 축각의 움직임

으로, 다리를 든 뒤에 중심을 가라앉힐 때 고관절은 거의 움직이지 않고 무릎과 발목을 구부리는 동작을 중심으로 움직이고 있다. 이 동작은 정강이가 앞으로 기울고 무릎이 발끝 방향으로 나간다는 것이 특징이다.

이처럼 정강이를 앞으로 기울이고 무릎을 앞으로 내민 자세는 '풋워크 포지션Footwork Position'이라고 불리며, 각종 구기 스포츠나 내야수 등 모든 방향으로 재빨리 방향을 바꾸는 동작이 필요한 경우에 효과적인

사진 2-7 풋워크 포지션　　　　　　사진 2-8 무릎의 방향이 발끝 방향에서 벗어난다

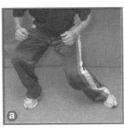

사진 2-9 골반 전경　　　　　　사진 2-10　　　사진 2-11 골반 후경　　　　　사진 2-12
骨盤前傾(골반이 앞으로 기울어짐)　　골반 전경　　　骨盤後傾(골반이 뒤로 기울어짐)　　골반 후경

　자세다(사진 2-7). 그 이유는 정강이를 앞으로 기울이는 것에 의해 발목의 움직임이 자유로워져 발끝의 방향을 고정시킨 채 무릎의 방향을 좌우로 움직이기 편하기 때문이다(사진 2-8).

　그러나 투구 스텝에서 축각을 이 포지션처럼 이행하면 앞으로 내민 무릎은 발끝 방향으로부터 벗어나 투구 방향으로 방향을 바꾸면서 아래로 무너져 내린다. 그 결과 축각은 투구 방향으로 회전을 일으키고(사진 2-5, 6의 각 d, e, f), 축각 위에 놓여 있는 골반도 당연히 투구 방향으로

향해버린다.

이런 동작이 극단적으로 이루어질 경우, 축각의 무릎을 구부려 단순히 중심을 아래쪽으로 가라앉히고 내딛는 다리부터 먼저 투구 방향으로 뻗는 스텝 동작이 되어버린다. 축각이 구부러진 상태에서 골반(중심)의 이동이 충분히 이루어지지 않았는데 내딛는 다리가 착지를 하게 되면 허리가 빨리 열릴 뿐 아니라 충분한 '병진 에너지'도 얻을 수 없다.

고관절을 구부리지 않은 상태에서 무릎이 앞으로 나가면 무릎의 움직임을 따라 중심도 크로스 스텝 방향으로 이동하기 쉽기 때문에 이런 식으로 축각을 사용하는 선수들 대부분은 크로스 스텝과 허리가 열리는 현상을 보이는 것이다.

이런 동작이 나오는 근본적인 원인은 중심을 가라앉히는 동작에서 축각의 고관절을 뒤쪽(엉덩이 쪽)으로 끌어당겨 골반을 '세운' 상태('골반 전경', 사진 2-9, 10)를 유지하지 못한다는 데에 있다. 따라서 고관절이 굳어 있는 선수나 고관절 주변의 미세한 근육이 아직 발달하지 않은 연령이 낮은 선수들에게서 흔히 볼 수 있는 동작이다.

지금까지 동작개선 지도를 해온 경험으로 볼 때, 선 자세에서 골반이 원래 약간 '누운' 상태('골반 후경', 사진 2-11)인 선수나 쭈그려 앉으면 골반이 '누워'버리는 선수는(사진 2-12) 아무래도 이런 동작을 하기 쉽다. 여러분이 지도하고 있는 팀에서도 이런 식으로 축각을 사용하는 선수들은 꽤 있을 것이다.

4. 허리가 열리지 않는 축각 사용 방법

〈사진 2-13, 14, 15〉는 허리가 열리지 않고 투구 방향으로 곧장 골반을 내미는 식으로 축각을 사용하는 방법으로, 중심을 가라앉힐 때 무릎을 너무 앞으로 내밀지 않고 고관절을 뒤쪽(엉덩이 쪽)으로 끌어당기면서 고관절과 무릎을 균등하게 구부려 뒤쪽으로 걸터앉듯 중심을 가라앉히는 동작이다.

이 동작에서는 무릎이 어느 정도 앞으로 나온다고 해도 발목의 작용보다 고관절의 작용이 더 크기 때문에 정강이가 크게 앞으로 기울어지는 현상은 나타나지 않는다. 정강이가 앞으로 기울어지지 않을수록 무릎의 방향은 발끝 방향에서 벗어나지 않고(사진 2-16), 축각이 회전하는 일도 발생하지 않는다(사진 2-14 d, e, f).

축각의 이 포지션은 사이드 스텝이나 슬라이드 스텝 등으로 불리는, 옆으로 이동하는 엑서사이즈exercise 종목에서의 하반신 포지션과 기본적으로 같다. 무릎은 그다지 앞으로 내밀지 않은 상태이며, 고관절이 발뒤꿈치보다 뒤쪽에 위치한다(사진 2-17). 즉 이것이 신체를 옆으로 평행 이동시키기 위해 필요한 위치관계다.

하지만 무릎을 앞으로 내밀지 않고 고관절을 끌어당겨 뒤쪽에 중심을 가라앉히는 동작은 고관절이 굳은 선수에게는 쉬운 일이 아니다. 중심을 가라앉힐 때, 고관절이 구부러지지 않아 무릎이 앞으로 나와 버리는 선수에게(사진 2-18) 고관절을 좀 더 뒤쪽으로 끌어당기라고 하면 반드시 무릎을 뻗어 앞으로 구부리는 자세가 된다(사진 2-19). 그럴 경우, 고

사진 2-13 허리가 열리지 않는 축각 사용 방법

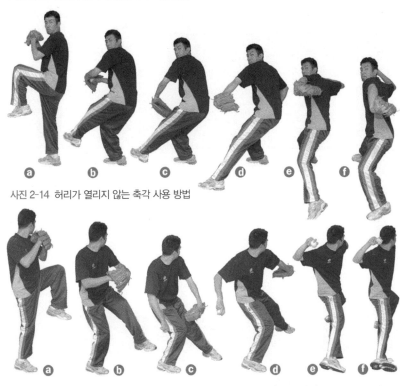

사진 2-14 허리가 열리지 않는 축각 사용 방법

사진 2-15

관절도 무릎도 구부러지지 않은 상태가 되
어, 이번에는 중심을 가라앉힐 수 없다. 또
스텝으로 이행하는 동작에서 상반신이 앞
으로 구부러지면 효과적인 '회전운동'을 할
수 없다. 그런 결과가 나와서는 허리가 열
리지 않은 상태에서 골반을 앞으로 진행시
킨다고 해도 별 의미가 없다.

상체의 각도를 바꾸지 않고 중심을 가라

사진 2-16 무릎의 방향과 발끝의 방향이 바뀌지 않는다

사진 2-17 사이드 스텝의 자세

사진 2-18 고관절이 굳어 무릎이 나오는 선수

사진 2-19 사진 2-18에서 고관절을 뒤쪽으로 끌어당긴 경우

앉히려면 '고관절과 무릎을 같은 타이밍에서 비슷하게 구부려야' 할 필요가 있으며, 그런 동작을 실현하려면 고관절이 충분히 움직일 수 있는 몸을 만들어야 한다.

5. 상체의 움직임으로 보는 '병진운동'

제1장에서 착지를 맞이할 때에는 상체에 어깨 너머로 목표물을 포착하고 머리를 뒤쪽에 남겨둔 '에이밍' 각도를 갖추는 것이 중요하다고 설명했다. 하지만 그런 사실을 알고 있다고 해도 머리를 투구 방향으로 '진입'한 상태로 스텝을 밟는 선수가 착지에 맞추어 갑자기 '에이밍' 각도를 만들기는 쉽지 않은 일이다. 즉 상체의 '에이밍' 각도는 좀 더 이른 단계에서 갖추어 두어야 하는 것이다.

그 단계는 크게 나누어 두 가지 타입이 있다.

예를 들어, 이가와 게이井川慶 투수나 구도 기미야스工藤公康 투수는 다리를 들어올리면서 축각을 투구 방향으로 약간 기울이기 때문에 다리

사진 2-20

사진 2-21

가 최대한 올라왔을 때에는 이미 '에이밍' 각도가 만들어져 있다(사진 2-20). 여기에 비하여 후지카와 규지藤川球児 투수는 우선 똑바로 선 상태에서 다리를 들어올리고(사진 2-21 a), 다리를 내리기 시작하기 전까지 투구 방향으로 축각을 기울이는 과정을 통하여 상체의 '에이밍' 각도를 만들고(사진 2-21 b), 그 이후에 중심을 떨어뜨리면서 스텝으로 이행한다.

지금은 금지되어 있는 '이단 모션'이라고 불리는 액션은 후자의 전형적인 예라고 말할 수 있다. '이단 모션'은 1회째에 다리를 올릴 때에는 똑바로 서서 안정을 도모하고, 안정 상태에서 들어올린 다리를 약간 내렸다가 2회째에 다시 축각 방향으로 다리를 들어올려 동작의 계기를 만들면서 그 사이에 투구 방향으로의 축각의 기울기와 상체의 '에이밍' 각도를 준비해서 스텝으로 이행하는 것이다.

어쨌든 아무리 늦어도 들어올린 다리가 내려가 중심을 가라앉히는 단계 이전에는 상체의 '에이밍' 각도가 만들어져 있어야 한다. 왜냐하면 중심을 가라앉힌 시점에서 스텝으로 이어지는 사이에 골반의 회전이 결정 나고, 그 이후에는 힘찬 '병진운동'이 시

사진 2-22 에이밍 각도를 유지한 스텝

작되어 골반의 방향이나 상체의 방향을 수정할 수 없기 때문이다.

  즉 착지 시점에서 필요한 상체의 '에이밍' 각도는 기본적으로 스텝 동

작으로 옮겨지기 전에는 준비가 되어 있어야 하며, 그대로 투구 방향으

로 이동시켜야 한다는 것이다(사진 2-22).

  지금까지 효과적인 '병진운동'을 '골반에 회전을 발생시키지 않고 골

반(중심)을 투구 방향으로 똑바로 진행시키는 동작'이라는 식으로, 골격

의 움직임을 통해서 설명했다. 실제로 공을 던질 때에 이미지를 떠올리기 쉬운 표현으로 바꾸어 말한다면 "스텝 동작으로 이행하기 전에 상체에 정돈된 '에이밍' 각도를 바꾸지 않고 착지할 때까지 투구 방향으로 곧장 이동해가는 동작"이라고 할 수 있다. 이것은 투수의 피칭은 물론이고, 야수의 스로잉throwing에서도 스텝을 밟을 때의 신체 사용 방법으로 지향해야 할 동작이다.

6. '오프 밸런스Off-balance' 이용

앞에서 '에이밍' 각도를 만드는 타이밍에 관한 두 가지 타입을 설명했는데 두 타입 모두 '에이밍' 자세를 갖출 때에 '축각을 투구 방향으로 기울인다'는 동작이 포함된다. 견해를 바꾸면 다리를 들어올린 이후에 스텝 동작으로 이행할 때에는 축각을 기준으로 곧게 선 상태에서 중심을 가라앉히는 것이 아니라, 중심을 가라앉히기 전에 축각을 투구 방향으로 기울여 중심을 투구 방향으로 약간 진행시킨 상태를 미리 만들어둔다는 것이다.

특히 다리를 들어올리는 동작에서는 수많은 지도 서적이나 현장 지도 등에서도 똑바로 서서 밸런스를 안정시키라고 강조하고 있다. 그러나 다리를 들어올려 축적되는 에너지를 살리는가 죽이는가 하는 것도 '병진운동'에 달려 있기 때문에, 정말로 신경을 써서 지도해야 하는 것은 '다리를 들어올린 이후에 어떻게 움직이는가' 하는 스텝으로의 이행 방법이다.

한 쪽 다리로 똑바로 서서 균형을 안정시키는 데에 지나치게 얽매이면 중심은 축각 바로 위에서 완전히 안정되어(온 밸런스 상태) 이동의 방향성을 잃는다. 중심을 투구 방향으로 향하게 하려면 중심이 축각의 발(지탱점)보다 투구 방향 쪽에 더 가까이 있어야 한다는 위치관계가 필요하다. 그 때문에 완전히 정지된 온 밸런스 상태에서 투구 방향으로 이동하려면 이단 모션처럼 어떤 계기가 되는 동작을 취해서 그 위치관계를 만들어야 한다. 계기가 되는 동작을 취하지 않으면 온 밸런스 상태인 채로 거의 수직으로 중심을 가라앉혀야 하는데, 중심을 거의 수직으로 가라앉힌다는 것은 투구 방향으로의 중심 이동이 시작되지 않은 상태에서 들어올린 다리를 내린다는 의미다. 즉 허리의 이동보다 내딛는 다리부터 앞쪽의 투구 방향으로 향하게 하는 듯한 스텝 동작이 되기 때문에 허리가 빨리 '열리는' 것은 물론이고 축각이 충분히 뻗지 않는 스텝이 되거나, 설사 축각을 충분히 뻗는다고 해도 축각의 근력에 의존하는 스텝이 되어버린다. 이래서는 보다 큰 이동속도를 얻을 수 없다.

중심을 가라앉히기 전에 축각을 투구 방향으로 기울이는 데에는 어떤 의미가 있을까. 우선 똑바로 선 자세에서 내딛는 다리를 옆으로 가볍게 한 걸음 내딛는 동작을 먼저 실시하는 경우(사진 2-23)와, 축각을 기울이는 동작부터 먼저 시작하고 내딛는 다리의 이동을 가능하면 늦추면서 실시하는 경우(사진 2-24)를 비교해보자. 그 차이를 간단히 알 수 있을 것이다. 즉 후자 쪽이 허리(중심)의 진행이 크고, 이동하는 파워도 강하다.

사진 2-23 내딛는 다리부터 먼저 움직인다

사진 2-24 축각을 기울이는 움직임부터

전자의 경우, 축각 위에 있는 중심이 안정 상태에서 좀처럼 벗어날 수 없기 때문에 자동으로 이동하는 움직임은 거의 발생하지 않는다. 여기에 비하여 후자의 경우, 중심이 지탱점(축각) 바로 위에서 벗어나면서 자동으로 쓰러지는 듯한 중심이동이 발생한다. 안정을 유지하면 당연히 이동은 발생하지 않고, 균형을 약간 무너뜨리면 서서히 이동이 발생하면서 완전히 무너졌을 때 중력에 의해 가속되면서 보다 큰 이동 에너지를 낳는 것이다. 균형을 무너뜨린다고 해서 자세를 무너뜨린다는 의미는 아니다. 중심을 지탱점 바로 위에서 벗어나게 하여 균형의 안정을 해제할 뿐이다.

사진 2-25

이처럼 중심이 지탱점 바로 위에서 벗어나 이동이 시작된 상태를 '오프 밸런스'라고 한다. 투구에서 스텝 동작의 목적은 투구 방향으로 중심을 이동시키는 것이며 '온 밸런스' 상태의 지속은 의미가 없다.

사진 2-26

즉 '오프 밸런스'를 잘 이용하여 지극히 자연스럽게 커다란 이동속도를 이끌어내는 것이 매우 중요한 과제다.

〈사진 2-25, 26〉은 '오프 밸런스'를 이용한 스텝 동작이다. 상반신에는 '에이밍' 각도를 만들고 허리를 선행시켜 내딛는 다리가 그 허리를 뒤따라가는, 이른바 '힙 퍼스트'라고 불리는 자세를 보여주고 있다. 정지사진인데도 진행하는 방향성과 강한 파워를 느낄 수 있을 것이다.

이처럼 완전한 '오프 밸런스' 상태에서는 특별한 외부의 힘이 가해지지 않는 한 그 이동을 멈출 수도, 방향을 바꿀 수도 없다. 즉 '오프 밸런스'를 이용한 스텝에서는 착지까지 축각이 허리를 계속 진행시키며, 도중에 이동이 멈추는 일은 없다. 한편 허리(중심)의 이동이 도중에 멈추면 그 순간 '병진 에너지'가 소멸되어 스텝의 파워를 회전동작에 살릴 수 없다. 이것은 매우 중요한 문제이기 때문에 축각을 기울여 허리의 이동을 선행시키고 내딛는 다리는 그 허리의 이동에 이끌리듯 뒤쪽에서 앞쪽으로 이동시키는 것이다.

축각을 주체로 삼는 스텝은 스텝 동작의 대원칙이다. 그리고 그 대원칙을 실현시키기 위한 기본 동작은 축각을 기울여 중심을 투구 방향으로 떨어뜨리려는 움직임이다. 축각을 기울여가는 그 움직임 속에서 축각을 구부렸다가 펴는 동작을 통하여 수평 방향으로의 파워를 더하고, 미리 다리를 들어올리는 과정을 통하여 위치 에너지를 축적하는 동작을 첨가하여 스텝 동작을 더욱 효과적으로 만드는 것이다. 그러나 반대로, 그런 움직임이 첨가되는 것에 의해 동작이 어려워지면서 '중심의 낙하가 기본'이라는 본질을 이행하기 힘들어지는 것 또한 사실이다.

다리를 들어올린 이후에 중심을 가라앉히기 시작하기 전까지 실시하는, 축각을 투구 방향으로 기울이는 동작도 일부러 균형을 무너뜨린 '오프 밸런스' 상태다. 그러나 완전히 균형을 잃는 것은 아니다. 균형을 잃기 직전까지 중심을 이동시키면서도 축각에 의해 자동적으로 확실하게 균형이 컨트롤된다. 나무가 쓰러지는 장면과 비교한다면 완전히 쓰러지기 직전, 천천히 기울어지기 시작하는 단계에 해당한다(사진 2-27 b).

축각을 약간 기울이는 이 동작에 의해 중심 바로 아래에는 더 이상 지탱점이 없고, 균형을 잃기 직전의 상태까지 기울임을 더욱 강화하면서 축각을 구부려 중심을 가라앉히면 중심을 가라앉히기 시작한 순간부터 완전한 '오프 밸런스'가 된다. 그리고 다음 순간 균형이 투구 방향으로 단번에 이행되면서 파워 있는 중심이동이 시작되는 것이다(사진 2-27 c).

사진 2-27 오프 밸런스를 이용한 스텝으로의 이행

사진 2-28 오프 밸런스에서의 축각이 주체를 이루는 스텝

　그리고 이때에는 축각을 구부려 중심을 가라앉히는 동작이 들어올렸던 다리를 내리기 시작하는 동작보다 약간 먼저 움직여야 하고, 다리를 내리는 방향이 투구 방향이 아니라 기울어진 축각을 따라가듯 내려와야 한다는 점도 빼놓을 수 없다. 그 움직임에 의해, 이미 시작되어 있는 중심(허리)의 이동에 내딛는 다리가 뒤따라오는, 즉 축각이 주체를 이루는 스텝 동작이 이루어지면서 착지를 맞이하기 전에는 축각이 한껏 뻗어

플레이트에서 발이 떨어질 정도로 파워가 있는 거대한 '병진운동'이 자연스럽게 실현되는 것이다(사진 2-28).

또 '오프 밸런스'를 충분히 이용한 스텝 동작에서는 착지한 순간에 거의 모든 체중이 내딛는 다리에 실리기 때문에 '병진 에너지'에 대한 브레이크의 파워도 순간적이면서 강력하게 발휘되어 자연스럽게 날카로운 골반 회전을 이끌어낼 수 있다. 즉 근력을 거의 사용하지 않아도 중심의 위치를 조정하는 것만으로 하반신에 필요한 중요한 동작은 대부분 달성된다. 그 때문에 '오프 밸런스'를 이용한 투구 방향으로의 자연낙하뿐인 스텝 동작으로도 강한 공을 던질 수 있는 것이다.

예를 들면, 릴랙스 상태에서 먼 거리를 던지는 경우에는 내딛는 다리를 축각 방향으로 들어올리면서 상체에는 '에이밍' 각도를, 축각에는 투구 방향으로의 기울이기를 갖추는 '힙 퍼스트' 자세를 만든다(사진 2-29 a). 그리고 그대로 나무가 쓰러지듯 자연낙하에 몸을 맡기고 '병진운동'을 실행하면 이후의 착지까지 팔을 '톱'으로 들어올려두기만 하면(사진 2-29 b) 골격이 이동해가는 것만으로 발생하는 역학적인 에너지 연동작용을 이용하여 근력을 거의 사용하지 않고도 상당히 멀리까지 공을 던질 수 있다. 착지에 의해 체간의 회전이 자연스럽게 발생, 팔은 그 움직임을 뒤따라 '휘어지면서' 자연스럽게 '휘둘려지기' 때문이다. 그리고 그 이상으로 강한 공을 던지려 한다면 투구 방향으로의 낙하동작에서 중심을 가라앉혔다가 축각을 한껏 뻗는 방식을 이용하여 수평 방향으로의 힘을 더해서 '병진 에너지' 효과를 더 높이면 된다.

여기에서 주의해야 할 점은 중심을 가라앉히는 동작을 천천히 실행

사진 2-29 낙하만을 이용한 투구

사진 2-30 힙 퍼스트로의 이동 동작

해야 한다는 것이다. 그 이유는, 천천히 가라앉히는 것 자체는 균형의
안정을 의미하는데 너무 빨리 가라앉히면 '오프 밸런스'를 통한 가속효
과를 충분히 얻을 수 없기 때문이다. 따라서 중심을 가라앉히는 동작
도, 그 이후에 축각을 한껏 뻗는 동작도 일련의 흐름 속에서 리드미컬
하게 이루어져야 하는 것이다.

7. '힙 퍼스트hip First' 형성

스텝 동작의 근간을 이루는 움직임은 '오프 밸런스'를 이용한 투구 방향으로의 중심 낙하다. 그 이외의 동작, 예를 들어 중심을 가라앉힌 뒤에 축각을 뻗고 허리를 진행시키는 동작은 전력투구를 위해 실행하는 '병진 에너지' 증강을 위한 보조동작에 지나지 않는다. 다리를 들어올리는 동작은 미리 에너지를 축적한다는 의미는 있어도 '병진운동'을 효과적으로 실행하기 위한 것은 아니다.

따라서 효과적인 '병진운동'을 실행하기 위해 가장 중시해야 할 점은 중심을 가라앉혔다가 들어올린 다리를 내리는 과정에서 투구 방향으로의 '오프 밸런스' 상태인 '힙 퍼스트' 자세로 확실하게 이행하는 것이다. 그런 의미에서 보면 다리를 들어올리는 것 이상으로 그 후의 허리의 진행 방법이나 중심을 가라앉히는 방법, 다리를 내리는 방법이 매우 중요하며, 다리를 들어올리는 동작 역시 단순히 높이 들어올려 안정을 시키면 되는 것이 아니라 그 후의 움직임까지도 일련의 동작으로 포착하고 부드럽게 '힙 퍼스트' 자세로 이행시킬 수 있어야 한다.

〈사진 2-30〉은 직립 상태에서 다리를 들어올리는 경우의 정통적인 '힙 퍼스트'로의 이행 동작이다. 다리를 들어올린 후, 투구 방향으로 축각을 기울이고 허리의 위치를 진행시키는데 그때 축각(허리)의 움직임과는 반대로 들어올린 다리는 축각 쪽으로 보내고 앞쪽 어깨의 끝 부분을 턱에 가까이 하면서 머리의 위치는 그 자리에 남겨둔다. 이렇게 하면 '에이밍'의 각도가 형성됨과 동시에 허리(중심)는 진행되면서도 축각 위

에서 움직임을 컨트롤 할 수 있는 한계 지점까지 밸런스의 균형상태가 유지된다(사진 2-30 a~c). 이가와 게이 투수나 구도 기미야스 투수 등은 다리를 들어올렸을 때에 바로 이 자세로 들어간다.

그리고 허리가 선행한 이 자세에서 중심을 가라앉히는 '언 웨이팅un weighting'에 의해 밸런스의 균형 상태가 단번에 해제되면서 중심이 투구 방향으로 진행하기 때문에 언 웨이팅을 시작할 때 약간 뒤처져서 내려온 다리는 축각 앞으로 자연스럽게 뻗어나가 전형적인 '힙 퍼스트' 자세가 형성되는 것이다(사진 2-30 c~e).

다리를 들어올린 이후부터 중심을 가라앉히기 전까지 축각을 투구 방향으로 기울이면서 상체에 '에이밍' 각도를 정돈하고 허리가 선행하는 자세를 만드는 이 일련의 움직임은, 자연스럽게 '힙 퍼스트' 자세로 이행되는 선수의 입장에서 보면 무의식적인 동작이며, 자신이 그런 동작을 취하고 있다는 사실은 전혀 깨닫지 못할 정도로 일련의 흐름 속에서 자연스럽게 이루어진다. 반대로 말하면, 일련의 흐름 속에서 자연스럽게 실행하기 쉬운 동작이며, 똑바로 선 상태에서 곧장 다리를 들어올려 정지시켜버리면 오히려 이행하기 어려워진다는 뜻이다.

지금은 금지된 이단 모션은 한 쪽 다리로 똑바로 선 안정상태에서 이런 동작의 흐름을 유도하는 효과적인 방법이며, 금지되기 전에 이단 모션을 채용하는 선수들이 증가했던 이유는 '똑바로 서서 안정시킨다'는 부분이 지나치게 강조되었기 때문에 우선 그 부분을 우선한 선수들이 나름대로 효과적인 스텝 동작으로 이행하기 쉬운 방법을 찾아낸 결과로 만들어냈기 때문이다. 그러나 이제는 이단 모션을 채용할 수 없기 때문에 일련의 동작의 흐름 속에서 이단 모션과 비슷한 효과를 낼 수 있는 방법을 찾아야 한다.

밸런스의 안정은 매우 중요한 요소인데 중요한 점은 서는 것 자체를 위한 '정적 안정성'이 아니라 다리를 들어올리는 단계에서부터 다음 스텝 동작으로 이행하기 위한 '동적 안정성'이다. 이런 의미에서 중시해야 할 점은 균형 있게 똑바로 서는 '멈추는 방법'이 아니라 균형 있게 자세를 옮기는 '움직이는 방법'이다.

5→7 정리

1. 착지에서 필요한 '에이밍' 자세는 착지에서 만드는 것이 아니라 다리를 들어올린 이후부터 중심을 가라앉히기 전까지 미리 갖추어야 하며, 그것을 착지할 때까지 바꾸지 않고 그대로 유지해야 한다.
2. 다리를 들어올린 이후부터 중심을 가라앉히기 전까지 축각을 투구 방향으로 기울이면서 상체에 '에이밍' 각도를 갖추고 허리가 선행하는 자세를 만든다.
3. 스텝 동작의 대원칙은 축각을 기울이면서 허리의 이동을 선행하고, 내딛는 다리는 그 허리의 이동에 이끌리듯 뒤쪽에서 투구 방향으로 진행시키는 것이다.
4. 중심을 가라앉힐 때 축각은 기울기를 강화하면서 구부리고, 내딛는 다리는 그 축각을 뒤따르듯 내린다. 그 타이밍은 축각의 움직임을 약간 먼저 시작하는 것이다. 이 동작에 의해 축각이 주체를 이루는 스텝 동작이 실현된다.
5. 이른바 '힙 퍼스트' 자세란 위에서 설명한 항목들이 모두 이루어진 결과로 나타나는 효과적인 스텝 동작의 상징적 통과자세다.

8. '힙 퍼스트' 자세를 이해한다

'힙 퍼스트' 자세가 중요하다는 사실은 널리 알려져 있지만 그 인식은 대부분의 경우 '엉덩이부터 앞으로' 정도의 애매한 내용이다. 이 내용에 맞추면 그럴 듯한 자세를 만들기는 하지만 엉덩이를 단순히 비틀어 올리거나 들어올린 다리를 높은 위치에 유지한 채 뒤쪽으로 뻗는 것일 뿐 효과적인 '병진운동'을 이끌어내기 위한 본질을 파악하지 못하고 있는 경우가 많다. 그렇다면 '힙 퍼스트' 자세란 구체적으로 어떤 것일까.

〈사진 2-31~34〉는 '힙 퍼스트' 자세에서의 감각과 스텝의 감각을 파악할 때에 이용하는 방법이다. 〈사진 2-31, 32(이후 전자)〉는 특히 축각의 고관절을 넣는 방법과 '오프 밸런스'를 통하여 자연낙하를 이용하는 방법을 체감하기 위한 것이며, 선 자세에서 축각을 뻗은 채 실행한다. 〈사진 2-33, 34(이후 후자)〉는 그 감각을 실제로 투구를 할 때의 스텝 동작에 접목하여 중심을 가라앉힌 상태에서 실행한다.

우선 어깨 폭보다 약간 넓은 스탠스를 잡고 서서 전자는 그대로의 직립상태(사진 2-31, 32의 각 a)에서, 후자는 거기에서 무릎을 너무 앞으로 내밀지 않고 고관절을 밀어 넣어 허리를 가라앉힌 상태(사진 2-33, 34의 각 a)에서 시작한다(이후의 흐름은 양자 공통).

다음으로, 비스듬히 축각 방향으로 골반의 방향을 바꾸어(사진 2-31~34의 각 b) 골반이 향한 방향으로부터 두 다리의 고관절을 끌어넣듯 구부리면 상체는 그 골반이 향한 비스듬한 축각 방향으로 인사를 하

사진 2-31 힙 퍼스트 자세 만들기(선 자세)

사진 2-32 힙 퍼스트 자세 만들기(선 자세)

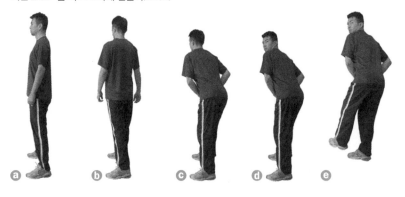

는 듯한 모습이 된다(사진 2-31~34의 각 c). 이 자세에서 상체에는 '에이밍' 각도가 만들어진다. 이후에는 얼굴을 투구 방향으로 향하면 어깨 너머로 목표를 포착하는 '에이밍'이 완성된다(사진 2-31~34의 각 d).

　그리고 거기에서부터 내딛는 다리를 축각 앞으로 뻗어서 띄우면 축각은 이미 투구 방향으로 기울어져 있기 때문에 '오프 밸런스' 상태에서 허리가 선행되는 '힙 퍼스트' 자세가 완성된다(사진 2-31~34의 각 e).

사진 2-33 힙 퍼스트 자세 만들기(허리를 가라앉힌 상태)

사진 2-34 힙 퍼스트 자세 만들기(허리를 가라앉힌 상태)

　이 자세 이후의 스텝은, 내딛는 다리를 축각 앞으로 옮기면서 축각을
투구 방향으로 쓰러뜨리기 시작, 내딛는 다리의 투구 방향으로의 이동
이 허리의 이동을 따라 이끌리듯 진행되면서 '오프 밸런스'에 의한 자연
낙하에 몸을 맡기고 스텝을 실행할 수 있도록 신경을 쓰는 것이다.

　이때 구부러져 있는 것은 어디까지나 축각의 고관절이며, 허리는 둥
글게 구부러지지도 비틀어지지도 않는다. 다만 고관절 앞쪽의 비스듬한
고랑을 따라 고관절을 끌어당기면서 접으면 축각은 투구 방향으로 기울
어지고 상체는 비스듬히 축각 방향으로 인사를 하듯 덮여 몸을 비틀지

않아도 머리는 뒤쪽에 남는다.

또 〈사진 2-32 a~c〉의 왼쪽 다리 라인의 변화를 보면 결국 왼쪽 다리의 위치는 원래 상태로 되돌아간다는 사실을 알 수 있을 것이다. 〈사진 2-34 c〉를 보면 왼쪽 다리의 발뒤꿈치 위쪽 근처에 고관절이 있다. 즉 최종적인 골반의 방향은 앞쪽의 허리를 덮어서 만드는 것이 아니라 축각의 고관절을 끌어당겨 만들어지는 것이라는 뜻이다.

흔히 '힙 퍼스트' 자세는 '〈'자로 표현되는데 이때 비스듬히 뒤쪽으로 향하고 있는 골반의 방향을 축각의 고관절을 끌어당기는 방법을 이용해서 만들기 때문에 상체에는 '에이밍'의 각도가, 축각에는 투구 방향으로의 비스듬한 경사가 만들어지고 허리가 선행하는 '〈'자가 완성되는 것이다.

그리고 그 비스듬히 뒤쪽을 향한 골반을 회전을 일으키지 않고 투구 방향으로 옮기려면, 그 후에 스텝으로 이어지는 동안에도 축각의 고관절을 끌어당긴 상태를 유지한 채 축각을 이용해서 고관절 부분을 투구 방향으로 밀어내야 하는데, 그렇게 하려면 축각을 이용해서 골반을 이동시키는 움직임이 내딛는 다리를 앞으로 이동시키는 움직임보다 먼저 시작되어야 한다. 바로 이 부분에 '〈'자를 만드는 본래의 의미가 있다.

비스듬히 뒤쪽을 향하고 있는 골반은 뒤따라오는 내딛는 다리가 골반을 추월할 때까지는 그대로 투구 방향으로 이동하며, 착지 타이밍에서는 투구 방향에 대해 거의 수평을 유지한 상태가 된다. 즉 착지 바로 전까지 골반의 회전을 억제할 수 있는 것이다. 그리고 상체에 만들어지는 '에이밍'의 각도도 착지까지 변하지 않고 그대로 옮겨진다.

사진 2-35 일련의 스텝 동작(옆면)

9. 축각의 고관절을 끌어당긴다

지금까지의 설명을 통하여 효과적인 스텝 동작을 실현하려면 축각을
올바르게 사용해야 한다는 사실을 충분히 이해했을 것이다. 그 중에서
도 축각 고관절의 움직임은 다리를 들어올린 이후부터의 일련의 모든
스텝 동작에 걸쳐 키포인트다.

다리를 들어올린 이후부터 축각을 투구 방향으로 기울여 갈 때에는
들어올린 다리를 축각 방향으로 보내면서 골반의 방향을 비스듬히 축

사진 2-36 일련의 스텝 동작(비스듬히 옆면)

각 방향으로 바꾸는 동작을 실시하는데(사진 2-35, 36의 각 a~c), 이것은 앞쪽의 허리를 뒤쪽으로 돌리는 것이 아니라 축각의 고관절을 들어올린 다리의 엉덩이 방향으로 끌어당기는 움직임에 의해 이루어지는 것(사진 2-36 a~c)이기 때문에 축각을 기울여 허리를 진행시키는 것, 골반의 방향을 바꾸는 것, 상체에 '에이밍' 각도를 만드는 것 등 모든 움직임을 낭비가 없는 최소한의 움직임만으로 실현할 수 있다.

그 이후 축각의 기울기를 더욱 강화하면서 중심을 가라앉힐 때에는 (사진 2-36 c~e) 축각 고관절을 끌어당긴 상태를 유지한 채 '걸터앉는' 것

사진 2-37 일련의 스텝 동작(뒷면)

처럼 축각을 구부려야 하며(사진 2-37 c~e), 그 이후의 '오프 밸런스' 상
태에서 축각을 뻗어 착지를 맞이할 때까지는 발뒤꿈치보다 뒤쪽(엉덩이
쪽)으로 가라앉은 축각 고관절의 위치를 착지 바로 전까지 최대한 그대
로 유지한 채 투구 방향으로 직진시켜야 한다(사진 2-37 e~g).

즉 다리를 들어올린 이후부터 중심을 가라앉히기 전까지 축각의 고
관절을 발뒤꿈치보다 뒤쪽으로 끌어당기고, 이후에는 착지 바로 전까지
투구 방향으로 곧장 진행시켜야 한다는 것이다. 효과적인 스텝 동작으
로 끌고 갈 수 있는가 하는 문제는, 이 축각 고관절을 충분히 끌어당길

사진 2-38 끌어당기는 부분

사진 2-39 끌어당기는 부분

사진 2-40 엉덩이보조개

사진 2-41

사진 2-42

수 있는가 하는 것과 그것을 착지 바로 전까지 계속 유지할 수 있는가에 달려 있다. 고관절을 자유자재로 다룰 수 있어야 스텝 동작에 필요한 바람직한 동작을 취할 수 있다.

　평소의 지도에서 고관절을 접어 'く'자 모양을 만들라고 하면 흔히 고관절의 옆면을 구부리듯 자세를 잡는 선수가 있다. 그러나 고관절을 끌어당기는 부분은 옆면보다 정면에 훨씬 가깝다(사진 2-38). 축각 고관절을 들어올린 다리의 엉덩이 방향으로 끌어당기면 골반은 투구 방향에

대하여 비스듬히 뒤쪽으로 향하기 때문에 축각이 골반을 투구 방향으로 미는 포인트는 골반에서 볼 때 정면에 가까운 방향이 되는 것이다(사진 2-39). 그럴 경우, 그 포인트의 대각선 위치에 있는 내딛는 다리 쪽의 '엉덩이보조개' 부분이 투구 방향으로 튀어나온다(사진 2-40).

'올바른 힙 퍼스트' 자세를 경유한 스텝 동작은 축각 고관절을 내딛는 다리의 엉덩이 방향으로 끌어당기는 과정을 통하여 '〈'자를 형성, 축각이 그 포인트를 투구 방향으로 밀어내면서 내딛는 다리 쪽의 '엉덩이보조개' 부분부터 투구 방향으로 나아가는 동작인 것이다(사진 2-41, 42).

10. '힙 퍼스트'와 유사한 동작

이제부터는 축각의 고관절을 올바르게 사용하지 않는 경우에 흔히 볼 수 있는 '힙 퍼스트'와 유사한 동작을 알아보자.

〈사진 2-43〉은 내딛는 다리의 고관절의 내선內旋(안쪽으로 도는 회전)을 통하여 엉덩이를 비틀어 올리는 동작이다. 이렇게 하면, 그 들어올린 다리는 허리가 이동하는 시점에서 축각 앞으로 뻗어 내리는 움직임이 발생하지 않고 무릎이 굽혀진 상태에서 그대로 착지 방향으로 이동하게 된다. 그 결과, 축각이 주체를 이루는 '오프 밸런스'를 살릴 수 없어 효과적인 '병진운동'을 기대하기 어렵다.

〈사진 2-44〉는 축각 고관절을 제대로 끌어당기지 못한 상태에서 무릎에 '〈'자를 만드는 동작이다. 앞에서 설명한, 발끝 방향으로 무릎이

사진 2-43 유사 동작

사진 2-44 유사 동작

사진 2-45 유사 동작

사진 2-46 유사 동작

사진 2-47 유사 동작

나가는 식으로 중심을 가라앉히는 방법과 마찬가지로 축각의 무릎이 빨리 투구 방향으로 향하기 때문에 반드시 허리가 열린다.

〈사진 2-45〉는 중심 바로 아래에 축각의 지탱점이 있는 '온 밸런스' 상태에서 내려오는 다리를 의식적으로 뒤쪽으로 뻗는 동작이다. 고관절을 끌어당기는 방식으로 축각을 기울인 상태에서 다리를 내리기 시작하는 것보다 중심을 가라앉히는 동작을 먼저 시작하면, 다리를 내릴 때에 허리는 이미 이동하고 있기 때문에 내려오는 다리의 발끝은 축각의 발

사진 2-48 필요한 고관절의
가동 영역-고관절을 이용한 인사

사진 2-49 이상적인 가동 영역

사진 2-50 허리를
둥글게 만 인사

사진 2-51 골반 후경

사진 2-52 골반 전경

끝 근처로 뻗어 두 다리가 깊이 교차하지 않는다.

〈사진 2-46〉은 〈사진 2-45〉와 마찬가지로 내딛는 다리가 허리의 이동에 뒤처져 자동으로 뻗어지는 것이 아니라 의식적으로 뻗는 동작이다. 이 동작은 다리를 올린 높은 위치에서 무릎을 펴버렸기 때문에 중심을 가라앉혀 스텝으로 이행되어야 하는 축각의 움직임이 제대로 이루어지지 않고, 허리의 위치가 투구 방향으로 진행되지 않기 때문에 내딛는

는 다리는 바깥으로 돌아 앞으로 이동하게 되면서 허리가 열린다.

〈사진 2-47〉은 축각 고관절을 끌어당기지 않고 허리를 둥글게 만 자세다. 골반이 등 쪽으로 쓰러진 이 자세(골반 후경)에서는 축각의 무릎이 발끝 방향으로 나와 크로스 스텝이 되기 쉬우며, 그 무릎은 구부러진 채 투구 방향으로 방향을 바꾸기 때문에 뒤쪽의 허리가 빨리 앞으로 향하면서 허리가 열리게 된다.

이런 동작들은 모두 고관절을 적절하게 사용하지 못하는 경우에 발생하는데, 고관절을 끌어당기는 동작은 관절의 굴곡이기 때문에 고관절만을 구부려 인사를 할 수 있는 가동 영역이 필요하고(사진 2-48), 이상적으로는 〈사진 2-49〉처럼 가볍게 무릎을 굽히고 등을 곧게 편 채로 상체를 수평 가까이 쓰러뜨릴 수 있을 정도의 가동 영역이 있어야 한다. 물론 가동 영역이 있다고 해도 인사를 할 때 고관절이 움직이지 않고 허리가 둥글게 말리는 버릇이 들어버리면 효과적인 스텝은 이루어지기 어렵다(사진 2-50).

〈사진 2-51〉은 골반이 뒤쪽으로 기울어진 '골반 후경' 자세이고, 〈사진 2-52〉는 '골반 전경'의 일반적인 자세다. 투구동작에서는 '골반 전경'을 유지하면서 스텝이 이루어져야 한다. 특히 중심을 가라앉힐 때 골반이 뒤로 기울어져버리면 '고관절을 끌어당기지 않고 무릎이 앞으로 나오는' 동작과 같기 때문에 반드시 '열리는' 현상이 나타난다. 그런 선수는 관절의 움직임이나 가동 영역을 개선하는 훈련을 해야 한다. 만약 평소에 서 있을 때에도 〈사진 2-51〉 같은 자세라면 빨리 자세를 개선해야 한다.

11. 스텝 동작의 본질 '백 스텝'

스텝 동작 중에서 축각의 움직임과 골반의 관계를 다시 정리해보자. 축각의 고관절을 끌어당겨 골반을 투구 방향에 대해 비스듬히 뒤쪽으로 향한 뒤에 당겨 넣은 고관절의 위치 관계를 유지한 상태에서 골반에는 회전을 전혀 일으키지 않고 축각을 이용해서 그 고관절 부분을 투구 방향으로 곧장 밀어낸다.

여기에서 이해해야 할 중요한 포인트는, 효과적인 스텝 동작은 바로 옆면이라기보다 약간 '백 스텝'에 가깝다는 것이다.

사람이 실행하는 스텝 동작 중에서 가장 전형적인 '허리가 잘 열리는

사진 2-53 보행동작   사진 2-54 백 스텝 동작

사진 2-55 옆 방향으로부터의 보행에 가까운 투구동작 스텝

스텝 동작'은 진행 방향으로 계속 허리가 완전히 열린 상태로 진행하는
'보행동작'이다(사진 2-53). 반대로 가장 전형적인 '허리가 열리지 않는
스텝 동작'은 진행 방향으로 계속 등을 향한 채 회전을 전혀 일으키지
않고 진행하는 '백 스텝 동작'이다(사진 2-54).

　투구동작의 경우, '와인드업' 같은 예비동작을 제외하면 기본적으로
투구 방향에 대해 옆 방향 상태에서 동작을 시작하기 때문에 그 후에 보

사진 2-56 옆 방향에서의 백 스텝에 가까운 투구동작 스텝

사진 2-57 보행 시의 발 모양

사진 2-58
백 스텝의 발 모양

사진 2-59
투구 시의 발 모양

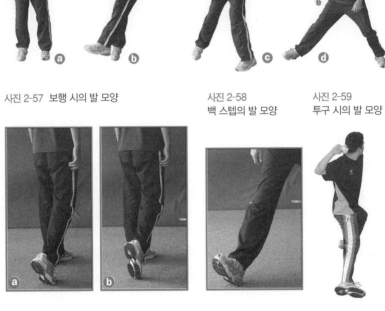

다 '보행'에 가까운 방법으로 진행하면 허리가 열리고(사진 2-55), 보다
'백 스텝'에 가까운 방법으로 진행하면 열리지 않는다는 단순한 구조다
(사진 2-56).

　양쪽의 차이를 낳는 포인트는 어디에 있을까. '보행동작'이 골반의 뒤
쪽 방향(엉덩이 방향)으로 축각을 보내는 데에 비하여 '백 스텝 동작'은 골
반의 앞쪽 방향으로 축각을 보낸다. 바꾸어 말하면 축각 고관절 사용

방법의 차이다.

투구 방향에 대해 골반이 바로 옆으로 향한 상태에서 축각 고관절이 골반이 향한 방향(오른손 투수라면 3루 쪽 방향)으로 움직이면 허리는 열리고, 축각 고관절을 뒤쪽(엉덩이 쪽)으로 끌어당겨 그대로 투구 방향으로 진행하면 열리지 않는 것이다. '열린다'고 하면 내딛는 다리 쪽 허리 움직임의 문제라고 생각하기 쉽지만 사실은 축각 쪽 허리 움직임의 문제인 것이다.

이처럼 효과적인 스텝 동작은 '백 스텝'에 가까운 움직임을 보인다고 생각하면 지금까지 설명해 온 스텝 동작과 관계가 있는 모든 포인트(아래의 ❶~❺)와 이치에 맞는다.

❶ 축각 고관절을 끌어당겨 골반을 비스듬히 뒤쪽으로 향할 것.

❷ 축각 고관절을 발뒤꿈치보다 뒤쪽(엉덩이 쪽)에 두고 투구 방향으로 곧장 진행할 것.

❸ 투구 방향으로의 축각의 기울기, 목표를 어깨 너머로 포착하고 머리를 뒤쪽에 남겨두는 상체의 '에이밍' 각도 형성.

❹ '오프 밸런스'에 의한 자연스러운 낙하를 이용한 허리(중심)의 이동과 그 허리의 이동에 뒤처지듯 내딛는 다리가 투구 방향으로 끌려가는 동작.

❺ 그것들의 집합체인 '힙 퍼스트' 자세.

이것들은 모두 투구 방향에 대해 바로 옆 방향 상태에서 '백 스텝' 동작으로 이행하기 위한 움직임이며 '백 스텝' 동작이다. '백 스텝'에 가까운 동작을 취하여 축각의 무릎이 발끝 방향으로 나가지 않는 것도, 그 방법으로 중심을 가라앉힐 때에 축각 고관절이 굴곡 되는 것도 당연한 현상이다.

반대로, 옆 방향 상태에서 '보행'에 가까운 움직임으로 이행하면 '열리는' 것이기 때문에 중심을 가라앉힐 때에 축각의 무릎이 발끝 방향으로 나와 그 무릎의 방향이 진행 방향으로 향하는 방식을 취하면 허리가 당연히 열리는 것이다.

12. 발의 움직임으로 본 축각 사용 방법

이번에는 발의 움직임을 통해서 스텝을 밟을 때의 축각 사용 방법을 살펴보자.

'보행동작'인 경우에는 중심이 앞쪽으로 이동하는 것에 의해 발뒤꿈치가 지면에서 떨어지면서 엄지발가락과 새끼발가락의 지지를 받으며 발끝으로 빠져나간다(사진 2-57). '백 스텝'인 경우에는 발끝 쪽이 떠서 발뒤꿈치로 지면을 밀쳐내는 동작이 나온다(사진 2-58).

투구동작이 '백 스텝'에 가깝다고는 해도 그것은 골반의 방향이나 고관절 사용 방법과 관련된 것이며, 발 자체는 투구 방향에 대하여 직각으로 놓여 있기 때문에 발끝 쪽이 지면에서 뜨는 현상은 발생하지 않는다. 다만 고관절이 '백 스텝'에 가까운 방식으로 사용되기 때문에 발뒤꿈치 역시 지면에서 떨어지지 않으며, 발은 끝부분에서 뒤꿈치까지 안쪽 선이 지면에 달라붙은 상태에서 옆으로 쓰러지게 된다(사진 2-59).

사진 2-60 축각에 회전이 일어나지 않는 팔다리의 위치

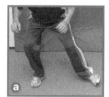

사진 2-61 발끝, 무릎의 방향은
항상 옆 방향

발을 중심으로 보면 단순히 투구 방향에 대해 직각으로 놓여 있는 발의 방향 때문에 '보행 타입'과 '백 스텝 타입'의 중간인 '사이드 스텝 타입' 정도라고 생각하면 되지만, 고관절의 움직임을 중심으로 보았을 때에는 '백 스텝'에 가까운 방식을 이용해야 한다. 그 방식이 충분히 이루어져야 스텝이 이동하는 동안에 발뒤꿈치의 안쪽 선이 지면에 붙어 있는 상태를 길게 유지할 수 있다.

이 움직임은 앞에서 설명한, "무릎을 앞으로 내밀지 않고 고관절을

사진 2-62 발끝, 무릎의 방향은 항상 옆 방향

사진 2-63 축각은 옆 방향으로 쓰러진다

뒤로 끌어당겨 중심을 가라앉힌 자세에서는, 옆 방향으로 스텝을 진행할 때에 무릎의 방향이 발끝 방향에서 벗어나지 않고 축각에 회전이 발생하지 않는다"(사진 2-60)는 움직임과 거의 똑같은 구조가 작용한다.

즉 축각 고관절을 당겨 넣어 스텝을 밟는 동안 축각 고관절이 그 포지션을 유지한 채 '백 스텝'에 가까운 움직임을 유지하는 한, 축각에는 회전이 발생하지 않고 발끝에서 무릎과 고관절을 연결한 선은 모두 같

사진 2-64 허리가
열리는 현상과 발 모양
—상당히 열려 있다

사진 2-65 허리가
열리는 현상과 발 모양
—빨리 열린다

사진 2-66 축각의 무릎이 무너진 상태

은 옆 방향(오른손 투수라면 3루 쪽 방향)을 향한 채로 기울어지고, 그 상태
에서 구부러지고 펴지는 움직임이 이루어지는 것이다(사진 2-61, 62). 그
결과 발뒤꿈치는 지면에서 떨어지지 않고 발 부분 안쪽의 선이 지면에
달라붙은 채 옆으로 쓰러지는 움직임이 발생한다(사진 2-63).

바꾸어 말하면, 고관절을 충분히 끌어당기지 않고 무릎이 발끝 방향
으로 나가는 것에 의해 축각에 투구 방향으로의 회전이 발생하면 발뒤
꿈치는 지면에서 빨리 떨어지게 되어 보다 '보행'에 가까운 결과가 나오
면서 허리가 열리는 것이다.

허리가 열리는 크기는 '상당히 열려 있다'는 것에서부터 '빨리 열린다'
는 것까지 다양한 상황들이 있는데 축각의 발 모양을 기준으로 크게 구
별하면 '상당히 열려 있다'는 〈사진 2-64〉처럼, '빨리 열린다'는 〈사진
2-65〉처럼 되는 것이다.

〈사진 2-64〉에서의 축각의 발 모양은 엄지발가락을 중심으로 발이

회전하여 발뒤꿈치가 지면에서 떨어져 '보행'에 가까운 모양을 보인다. 축각의 기울기나 뻗기도 거의 없이 허리의 이동이 충분하게 이루어지지 않은 상태에서 내딛는 다리를 투구 방향으로 보내는 경우에 흔히 볼 수 있는 동작으로, 착지 시점에서도 축각의 발바닥은 아직 지면에 달라붙어 있는 상태를 보인다.

〈사진 2-65〉에서의 축각의 발 모양은 엄지발가락 안쪽의 선부터 발이 지면에서 떨어지는 동작을 보이고 있다. 이것은 어느 정도의 중심이동은 이루어지지만 고관절을 제대로 끌어당기지 못하여 허리가 빨리 열리면서 그 허리의 회전에 의해 뒤쪽 허리가 앞쪽으로 이동하는 데에 축각이 이끌리듯 움직여 발뒤꿈치가 지면에서 빨리 떨어진 상태다.

이상의 사항들을 종합적으로 생각하면 어떤 스텝 동작이 이루어졌는지를 검증할 수 있는 포인트는 축각의 발 모양이라고 말할 수 있다.

착지 바로 전까지 골반에 회전이 발생하지 않는 식으로, 하반신을 효과적으로 사용하고 있을 때의 축각의 발 모양은 안쪽 선 전체가 지면에 달라붙은 상태로 옆으로 쓰러지는 움직임을 보이며, 발뒤꿈치는 착지할 때까지 지면에서 떨어지지 않지만 허리가 빨리 열리면 발뒤꿈치는 지면에서 빨리 떨어진다.

이 점에 착안하여 착지할 때까지 축각의 발 안쪽 선 전체를 지면에 붙이고 발뒤꿈치를 떼지 않는 움직임을 '스텝 동작의 폼'을 만드는 포인트로 삼는 경우가 있다. 하지만 여기에는 함정이 있다.

축각 고관절을 끌어당기는 동작 같은 근본을 무시하고 그런 표면적인 동작만을 강조하면 착지할 때까지 축각의 발 안쪽 선은 지면에 달라붙어 있다고 해도 축각의 무릎이 투구 방향으로 무너지는 경우가 있기 때문이다(사진 2-66). 이래서는 축각의 무릎이 구부러진 상태로 착지를 맞이하게 되어 보다 큰 '병진 에너지'를 얻을 수 없고, 허리가 열리지 않도록 하기 위해 실행한 동작임에도 불구하고 축각의 무릎이 빨리 투구 방향으로 향한 탓에 허리는 오히려 더 빨리 열려버린다.

물론 한 가지 접근 방법으로서 축각의 발의 움직임을 의식하는 연습을 통하여 동작이 좋아지는 선수도 있기는 하다. 그러나 이것은 어디까지나 축각 고관절의 움직임 등을 중심으로 삼은 효과적인 사용 방법의 '결과'로 나타나는 '현상'이며, 하반신 사용 방법의 본질을 포착한 올바른 의미에서의 포인트는 아니다.

13. 축각을 뻗는 의미

'축각을 뻗는다'는 움직임의 중요성에 관하여 이번 장 첫 부분에서 "'병진운동'이란 중심의 수평이동이기 때문에 중요한 것은 골반의 이동 거리이며, 골반을 최대한 이동시키기 위해 필요한 것은 축각을 최대한 뻗는 것이다"라고 설명했다. 그러나 축각을 뻗는 의미는 그것만이 아니다.

지금까지, 효과적인 스텝 동작을 할 수 있게 되면 축각은 무릎이 투구 방향에 대해 옆 방향인 상태로 뻗고 골반에는 회전이 발생하지 않는다고 설명해 왔다. 엄밀하게 말하면 이것들은 '착지를 맞이하기 직전까지'라는 주석이 첨부되었을 경우의 이야기다.

　실제로는 아무리 효과적인 스텝 동작이라고 해도 완전히 착지를 한 시점에서는, 골반은 회전을 시작하고 축각은 골반의 회전에 의해 발생하는 뒤쪽 허리의 앞쪽으로의 이동에 이끌려 허벅지 뿌리 부분(사타구니 쪽)에 가까운 부분부터 차례로 '옆 방향→투구 방향'으로 방향을 바꾸게 되어 발뒤꿈치는 점차 지면에서 떨어진다. 그렇기 때문에 허리가 빨리 열리면 발뒤꿈치가 보다 빨리 지면에서 떨어지고, 허리가 열리지 않으면 허벅지 뿌리 부분이 투구 방향으로 향하기 시작하더라도 발은 아직 옆 방향으로 쓰러진 채 발뒤꿈치가 지면에 붙어 있는 상태가 유지된다.

　한편 완전히 착지했을 때에 골반이 회전하기 시작한다면 그 회전은 언제부터 시작될까. 그것은 허리의 이동에 뒤처져 앞쪽으로 끌려나온 내딛는 다리가 허리의 이동을 추월하여 45도 정도 앞으로 진행된 시점이다. 내딛는 다리가 허리의 이동을 추월하여 투구 방향 쪽으로 이동하면서 착지에 가까워질수록 내딛는 다리 안쪽의 내전근(內轉筋. adductor)이 골반을 회전 방향으로 끌어당기는 것이다. 그 영향을 줄이기 위해 내딛는 다리가 골반의 이동을 추월하는 현상을 가능하면 늦추어야 한다.

　그렇게 하려면 축각이 허리를 투구 방향으로 밀어내는 움직임에 내딛는 다리가 뒤늦게 끌려 나가는 '허리가 앞선 상태'를 만들어 그 상태를 최대한 지속해야 한다. 지금까지 설명해 온 스텝 동작으로의 진행 방법을 전제로, 이후에는 축각이 그 흐름을 타고 허리를 진행하는 움직임을 멈추지 말고 지속하면 되는 것이다. 즉 그것이 '축각을 뻗는다'는 것이다.

사진 2-67 슬로프 모양으로 진행하는 중심(옆면)

사진 2-68 슬로프 모양으로 진행하는 중심(비스듬히 옆면)

지금까지의 '축각을 뻗는다'는 동작의 의미는 '허리가 열리지 않고 힘차게 곧장 나아간다'는 효과적인 '병진운동'을 위한 것이었지만 사실은 그 이후의 '회전운동'에도 중요한 의미를 가진다. 착지 이후의 '회전운동'은 '병진운동'에서 발생한 에너지를 내딛는 다리가 순간적으로 받아내는 것을 계기로 발생하기 때문에 보다 날카로운 '회전운동'을 실행하려면 커다란 '병진 에너지'와 그에 대한 강력한 받아내기가 중요하기 때문이다.

내딛는 다리가 순간적으로 큰 힘을 발휘하게 하는 중요한 요소는 '착지 시점에서 내딛는 다리에 모든 체중을 싣는' 것이며, '오프 밸런스'처럼 중심의 자연스러운 낙하를 이용하여 안정된 지탱점이 없는 상태에서 진행하는 움직임은 중심의 이동에 기세를 실어주는 역할과 착지 순간에 내딛는 다리에 모든 체중을 맡기는 역할, 두 가지를 가장 효율적이고 자동적으로 실행할 수 있기 때문이다. 그리고 '오프 밸런스'를 잘 이용하건 그렇지 않건 최소한 축각이 뻗은 상태에서 착지를 맞이하는 것은 내딛는 다리에 모든 체중을 싣기 위해 반드시 필요한, 스텝 동작에서의 기본사항이다.

그리고 '회전운동'에서는 스텝의 '병진운동'에서 발생한 힘의 방향성역시 스로잉 암drawing arm(오른손 투수라면 오른손)의 어깨가 향하는 방향, 즉 팔이 이끌려 나와 휘둘려지는 힘의 방향을 정하는 하나의 요소로 작용하기 때문에 중심의 이동은 최대한 수평에 가까워야 한다.

그렇다고 처음부터 중심의 위치를 낮게 가라앉히고 스텝 동작을 시작하는 움직임은 다리를 들어올리는 것에 의한 '위치 에너지' 이용이나 중심이동의 가속거리를 생각할 때 오히려 손해다. 스텝 동작의 시작은 중심이 높은 위치에서 시작하여 축각의 기울기를 강화하면서 무릎, 고관절을 구부려가는 것으로 중심이 미끄럼틀을 내려가듯 슬로프 모양으로 가라앉아야 한다(사진 2-67, 68의 각 a~c).

그리고 거기에서 착지까지 축각이 더 뻗을수록 중심 이동은 보다 수평에 가까워지고 커진다(사진 2-67, 68의 각 c~e). 보다 수평에 가깝고 보다 큰 중심이동이 이루어지면 그것을 받아내는 내딛는 다리도 저절로 수평에 가까운 커다란 힘을 역 방향으로 발휘할 수 있게 되기 때문에 그 두 가지의 수평의 힘은 골반을 날카롭게 회전시키는 동시에 상체에 투구 방향으로 향하는 힘의 방향성을 안겨주는 것이다.

이처럼 축각을 한껏 뻗어 착지를 하면 그 순간, 골반은 단번에 회전을 시작할 수 있는 상태에 놓인다. 이때의 상반신은 팔을 테이크 백의 '톱'의 위치로 이행시켜 체간의 회전에 팔이 이끌려 나갈 수 있는 준비 태세를 갖추고 있는 타이밍이기도 하다. 여기에서 상반신은 '에이밍' 각도를 유지하고 팔(팔꿈치)을 어깨 높이에서 등 쪽으로 끌어당긴 상태가 되어, 착지하는 순간에 골반이 회전을 일으키려 하는 것과는 반대로 상반신은 회전을 억제하는 움직임을 보이는 것이다(사진 2-69).

즉 골반의 회전에 뒤이어 어깨와 팔이 투구 방향으로 이끌려 나가는 작용은, 테이크 백의 '톱'으로 팔을 이행시키는 상반신의 움직임과 상반신의 '에이밍'의 각도를 그대로 이동시키면서 '축각을 뻗는다'는 하반신의 움직임이 동시에 이루어지는 것에 의해 보다 효과적인 결과를 내는 것이며, 하반신과 상반신의 연동에 있어서 '축각을 뻗는다'는 움직임은 빼놓을 수 없는 매우 중요한 동작이다.

축각의 움직임에 대해 흔히 "축각을 안쪽 방향으로 비틀어 넣는(내선) 힘이 전달되어 허리를 회전시킨다"라고 말하는 경우가 있는데, 이것은 잘못이다. 이미 설명했듯 축각의 움직임이 허리를 회전시키는 것이 아니라 허리의 회전에 축각이 이끌려 돌아가는 것이기 때문이다.

착지 이후에 허리의 회전에 수반되어 축각의 스파이크가 끌리는 이유는 그 때문으로, 효과적인 '병진운동'과 '회전운동'이 제대로 양립되면 [그림 2-1] 같은 직선적인 스파이크 자국이 남고, '병진운동'이 충분히 이루어지지 않은 상태에서 빨리 회전이 일어났을 때에는 [그림 2-2]처럼 플레이트에서 비스듬한 방향으로 스파이크가 빠져나간 자국이 남는다. 축각은 '병진운동'을 위해서만 작용하는 것이다.

그림 2-1 바람직한 스파이크 자국

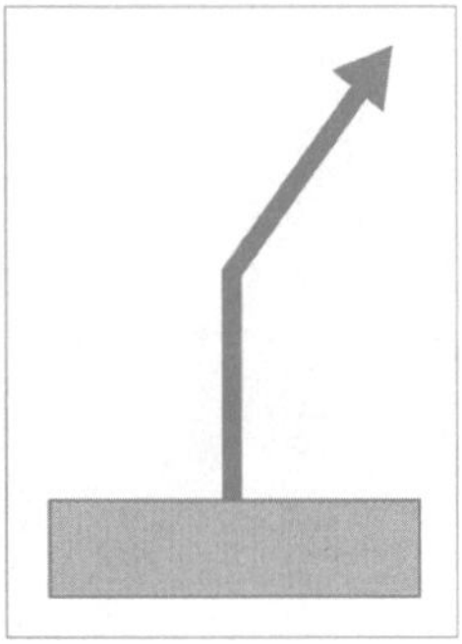

그림 2-2 빨리 열린 경우의 스파이크 자국

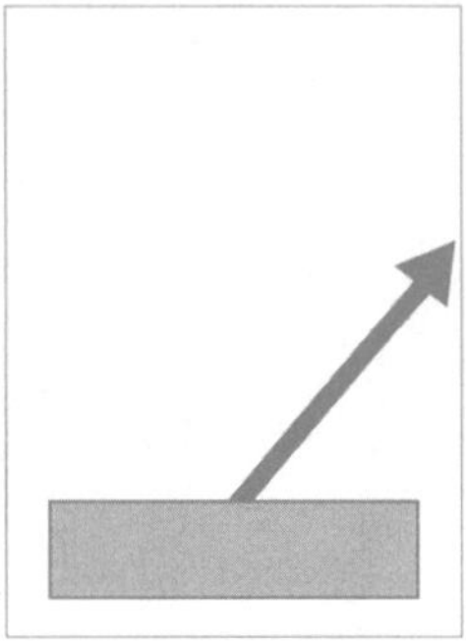

또 스텝 동작에 관하여 "축각 위에 체중을 남긴 채 내딛는 다리를 투구 방향으로 뻗어가는 동작에 신경을 써라"라고 지도하는 경우가 있다(사진 2-70).

이것은 '병진운동'과 진입을 제대로 구별하지 못한 잘못으로, 결코 해서는 안 되는 동작이다. 만약 축각이 뻗지 않고 구부러진 상태에서 착지를 맞이하게 되면 중심의 위치는 거의 진행되지 않는다. 따라서 '병진 에너지'는 상당히 작을 수밖에 없고, 스텝을 밟는 것 자체의 의미가 없다.

공을 던질 때에 '병진 에너지'가 적을수록 공에 주어지는 힘은 상반신을 이용해서 만들어내는 수밖에 없다. 또 '병진운동'의 수평 방향으로의 관성력을 이용하지 못하면 원 궤도에 가까운 궤적으로 공을 뿌리듯 팔을 휘두르게 된다. 그 때문에 상반신의 힘에만 의지하게 되어 공이 '늘

사진 2-69
착지 자세

사진 2-70 축각에 체중을 남긴 상태에서의 스텝

어지는' 경우가 많다. 그리고 착지 이후에 내디딘 다리에 체중을 싣게 되기 때문에 내디딘 다리는 반드시 무릎이 움직여 고정이 되지 않고 골반이 회전하기 위한 지탱점이 안정되지 않아 날카로운 '회전운동'을 이끌어내는 것은 불가능하다.

'뒤쪽에 남긴다'는 것은 머리가 허리보다 앞선 상태에서 착지하는 움직임(진입)이 나쁘다는 의미이며, 축각에 체중을 남긴다는 의미는 아니다. 상체의 '에이밍' 각도를 착지까지 유지하며 이동하는 것과 축각을 힘차게 뻗어 커다란 '병진 에너지'를 얻는 것이 스텝 동작이 지향하는 부분이다. 다만 점프를 하듯 뻗거나 무릎으로 버티듯 뻗는 것은 아니라는 점을 잘 이해해두자.

11→13정리

1. 허리가 '열리는' 현상은 앞쪽 허리 움직임의 문제가 아니라 축각 쪽의 허리 움직임의 문제이며, 그 대부분의 원인은 축각 고관절의 사용 방법에 있다.
2. 스텝 동작에서의 효과적인 축각 사용 방법은, 발은 투구 방향에 대하여 직각으로 향하더라도 고관절은 '백 스텝'을 밟듯 움직여야 한다는 것이다.
3. 투구 방향에 대해 옆 방향 상태에서 '백 스텝'으로 이행하기 위한 움직임에는 효과적인 스텝 동작의 모든 포인트들이 포함된다.
4. 하반신을 효과적으로 사용할 수 있게 되면 축각의 발 모양은 안쪽 선 전체가 지면에 붙은 채로 옆으로 쓰러지며, 허리가 빨리 열릴수록 발뒤꿈치는 지면에서 빨리 떨어진다.
5. 착지까지 축각을 한껏 뻗는 움직임은 그 이후의 '회전운동'은 물론이고 하반신과 상반신의 연동을 위해서도 매우 중요한 포인트다.

2. 골반 회전동작의 구조

1. 착지동작의 역할

착지를 할 때 내딛는 다리의 역할은 '병진운동'을 '회전운동'으로 전환하는 것이다. 즉 스텝을 밟을 때에 발생한 '병진 에너지'를 순간적으로 받아내어 그 다리의 뿌리 부분인 고관절을 축으로 삼아 골반의 날카로운 회전을 이끌어내는 것이다. 그 때문에 내딛는 다리는 착지를 한 순간에 고정이 되어야 한다. 골반의 날카로운 회전을 이끌어내려면 회전의 지탱점이 정해져 있어야 하기 때문이다. 〈사진 2-71〉은 내딛는 다리가 고정된 모습을 보여주고 있는데 고관절에 의해 골반의 회전이 시작된 이후에 릴리스까지 전혀 움직이지 않는다는 사실을 알 수 있다.

흔히 '무릎을 부드럽게'라는 말을 하는데 이것은 착지한 다리를 뻗디며 허리가 뒤로 밀려나가는 선수에 대해 '무릎을 내밀지 말라'는 의미에서 하는 말이다. 착지 이후에 말 그대로 무릎을 쿠션처럼 부드럽게 구부려버리면 스텝에서 발생한 '병진 에너지'는 거기에 흡수되어 골반의

사진 2-71 내딛는 다리가 고정되어 있는 투구 동작

날카로운 회전은 절대로 이끌어낼 수 없다.

착지각着地脚(착지하는 다리)은 착지 시점에서 이미 구부러져 있어야 하며, 그 각도를 그대로 유지한 채 순간적으로 고정시켜야 한다. 착지 이후에 구부러지는 경우가 있다면 그것은 착지 당시에 '병진 에너지'를 받아낸 충격 때문에 강제적으로 구부러지는 지극히 드문 경우뿐이다(사진 2-71 a~c).

무릎을 펴서 착지를 맞이했다면 편 상태 그대로, 무릎이 구부러져 착지를 맞이했다면 착지했을 때의 각도 그대로 즉 어떤 착지라도 착지 당시의 포지션 그대로 다리가 '고정되어야 한다'는 것이 가장 우선해야 할

사항이다. 착지 이후에 무릎이 구부러져 '병진 에너지'가 흡수될 정도라면 차라리 의식적으로 뻗디디는 쪽이 그만큼 '회전운동'으로 전환될 수 있기 때문에 훨씬 낫다.

〈사진 2-72〉는 착지한 다리가 고정되어 있는 경우, 〈사진 2-73〉은 착지한 다리가 구부러져 무릎의 위치가 움직인 경우의 투구동작이다.

전자는 착지한 다리의 고관절에 골반 회전의 지탱점이 정해져 있다. 그 때문에 골반은 작은 반경을 그리며 날카롭게 회전하고, 그 회전에 이끌려 상체가 뒤쪽에서 앞쪽으로 크게 이동한다.

한편 후자는 지탱점이 정해져 있지 않기 때문에 골반은 두 무릎의 방향이 바뀜에 따라 방향이 바뀌었을 뿐 회전을 한다고 말할 수는 없다. 또 상체도 거의 수직으로 선 채 그 자리에서 방향만을 바꾼 동작이 된다. 착지한 다리가 구부러진다는 것은, 구부러지는 각도가 크면 클수록 허리와 축각 무릎의 위치가 아래로 가라앉는다는 의미라는 점에서 생각해보면 상체가 거의 수직으로 선 채 방향만 바뀌게 되는 것은 당연한 현상이라고 말할 수 있다.

흔히 "'축각의 무릎이 땅에 닿을' 정도로 하반신을 적절하게 이용한 아름다운 폼"이라는 말을 하지만, 그렇게 하기 위해 지나치게 무리해서 무릎과 허리를 깊이 가라앉히면 착지한 다리가 느슨해지면서 골반에 날카로운 회전이 발생하지 않을 뿐 아니라 상체가 선 자세로 릴리스를 맞이하게 되어 공은 높이 뜰 가능성이 높아진다.

사진 2-72 착지한 다리가 고정된 경우

사진 2-73 착지한 다리가 구부러져 무릎의 위치가 움직이고 있는 경우

2. 착지각 고정 조건

한편 착지한 다리가 고정되도록 유도하려면 어떻게 해야 좋을까.

앞에서 '축각을 뻗는 의미'에서 착지각이 '병진 에너지'를 받아낼 수 있을 정도의 커다란 힘을 발휘하려면 착지 시점에서 그 다리에 모든 체중이 실려야 하며 그렇게 하려면 '오프 밸런스'를 낳는, 축각이 주체를 이루는 스텝 동작에서부터 착지할 때까지의 사이에 축각이 한껏 뻗어야 할 필요가 있다고 설명했다. 즉 효과적인 스텝 동작은 효과적인 '회전운동'을 실현하는 데에도 빼놓을 수 없는 조건인 것이다.

하지만 착지 순간에 모든 체중이 착지각에 걸리는 스텝 동작을 적절하게 실시하고 있음에도 불구하고 착지각이 그 힘(병진 에너지)을 지탱하지 못하고 무너져버린다면 어떻게 될까. 그래서는 당연히 아무런 효과도 얻을 수 없다. 그런 경우 '하반신이 약하기 때문'이라고 생각하여 달리기나 근력 트레이닝으로 해결책을 찾으려 하지만 그것은 너무 섣부른 결론이다. 원인은 오히려 착지 방법에 있는 경우가 대부분이기 때문이다.

힘을 받아내는 이유는 받아낼 수 있는 착지 자세를 갖추기 때문이며, 받아내지 못하는 경우 역시 착지 자세 때문이다. 따라서 힘을 받아낼 수 없는 착지 자세를 바꾸지 않는 한 하반신을 아무리 열심히 강화해도 결과는 마찬가지다.

그렇다면 어떤 착지 자세를 취해야 다리가 올바르게 고정될까. 그 부분을 이해하기 위해 우선 근력 트레이닝의 대표적인 종목 중의 하나인 스쿼트 동작을 예로 들어 쭈그려 앉는 방법에 따라 근육의 움직임에 어떤 차이가 있는지 알아보자.

스쿼트 동작을 실시하는 경우, 기본적인 주의사항으로서 "무릎이 발끝보다 앞으로 나오면 안 된다"는 말을 흔히 들을 수 있다. 이런 말을 하는 이유는, 쭈그려 앉을 때에 무릎을 앞으로 내밀수록 고관절은 거의 구부러지지 않고 발목과 무릎의 움직임만으로 이루어지는 굴신동작이 되어 허벅지 앞쪽의 근육만 움직인다(사진 2-74)는 데에 비하여, 무릎이

사진 2-74 무릎이 앞으로 나오는 스쿼트

사진 2-75 무릎이 앞으로 거의 나오지 않는 스쿼트

앞으로 거의 나오지 않고 고관절을 뒤쪽으로 끌어당겨 뒤로 걸터앉는 것처럼 쭈그려 앉을수록 발목은 거의 사용하지 않고 무릎과 고관절이 비슷한 정도로 가동하는 굴신동작이 되어 허벅지 앞쪽의 근육뿐 아니라 엉덩이나 허벅지 뒤쪽의 근육까지 다리 전체가 공동으로 움직이게 되기 때문이다(사진 2-75).

투구동작에서는 고관절을 축으로 골반을 돌려야 한다는 점을 생각한

사진 2-76 고관절을 끌어당긴 자세에서의 회전동작

사진 2-77 무릎을 앞으로 내민 자세에서의 회전동작

다면 이것만으로도 어느 쪽이 고관절의 가동에 더 효과적인 자세인지
이해할 수 있을 것이다. 실제로 이렇게 쭈그려 앉는 방법을 시도해 보
면 다리를 고정시키는 데에 어느 쪽이 더 효과적인지 쉽게 이해할 수 있
다. 이미지로 설명한다면 힘을 무릎으로 받아내면 무너지고, 엉덩이로
받아내면 고정되는 그런 느낌이다.

그 사실을 검증하는 것이 〈사진 2-76, 77〉이다. 양쪽 모두 와이드 스
탠스 스쿼트Wide Stance Squat의 자세에서 골반을 회전시켜 상체의 방향을
바꾸는 동작이지만, 〈사진 2-76〉은 고관절을 뒤쪽으로 끌어당겨 쭈그

려 앉은 자세에서의 동작이고, 〈사진 2-77〉은 무릎을 앞으로 내밀고 쭈그려 앉은 자세에서의 동작이다.

〈사진 2-76〉에서는 다리 전체가 고정되어 고관절만으로 골반의 방향을 바꿀 수 있으며, 최소한의 반경으로 회전동작이 이루어진다. 여기에 비하여 〈사진 2-77〉에서는 다리가 전혀 고정되어 있지 않고 두 무릎이 모두 옆으로 크게 움직이기 때문에 다리의 방향을 바꾸는 중심이 골반이 아니라 회전동작이 되어 커다란 반경을 그리며 몸 전체의 방향을 바꾼다.

〈사진 2-77〉의 동작의 구조, 즉 무릎이 발끝 방향으로 나와 있으면 무릎의 방향이 바뀌기 쉬워지는 구조에 관해서는 스텝 동작의 축각 사용 방법에서 설명한 대로다. 사진을 보면, 스타트 자세에서 발끝의 방향과 무릎의 방향이 일치하지 않고 회전동작 중에는 동체와 두 무릎의 방향이 항상 일치하고 있듯, 고관절은 거의 움직이지 않고 발바닥부터 두 무릎까지의 방향을 바꾸는 방식으로 몸 전체의 방향을 바꾸고 있다.

한편 〈사진 2-76〉의 동작에서 다리가 고정되는 이유는 고관절을 뒤쪽으로 끌어당기는 방식에 의해 골반이 '서고'(골반 전경), 엉덩이 근육이 고관절신전근으로서의 기능을 충분히 발휘하기 때문이다. 고관절의 신전은 허벅지를 앞에서 뒤로 움직이는 움직임인데 〈사진 2-76〉의 동작을 보면, 발 부분은 지면에 닿아 움직이지 않기 때문에 무릎의 위치를 뒤쪽으로 끌어당겨두는 것처럼 움직인다. 그래서 무릎이 느슨해지지 않고 확실하게 고정된 상태를 유지할 수 있는 것이다. 그리고 골반을 '세우기' 위한 고관절의 인입引入(안쪽으로 끌어들임)을 통하여 관절을 축으로

사진 2-78 **오버스로**overthrow =overhand throw의 착지   사진 2-79 **사이드 스로**Side throw =side arm throw의 착지   사진 2-80 **언더스로**Under throw =underhand throw의 착지

사진 2-81 **착지까지의 스텝 동작**

삼은 골반의 회전과도 연결된다.

이처럼 착지 순간에 착지각의 고정을 이끌어내고 그 뿌리 부분인 고관절을 축으로 삼는 골반의 회전을 효율적으로 이끌어내려면 고관절의 위치가 최대한 뒤쪽(엉덩이 쪽)에 있는 상태에서 착지를 맞이하는 것이

매우 중요한 포인트다(사진 2-78, 79, 80).

그리고 이 상태에서 착지를 맞이하기 위해 필요한 것은 스텝을 밟을 때 축각의 고관절을 축각의 발뒤꿈치 위치보다 뒤쪽으로 가라앉히고 그대로 투구 방향으로 곧장 진행시키는 동작이다(사진 2-81). 즉 효과적인 '병진운동'에 요구되는 움직임이다. 그렇기 때문에 여기에서도 결국 스텝 동작을 효과적으로 실시하는 것이 효과적인 '회전운동'을 실현하기 위해 빼놓을 수 없는 조건이 된다.

3. 무릎이 벌어지는 원인

착지한 다리가 고정되지 않는 대표적인 동작으로서 '무릎이 벌어진다'는 것이 있다. '무릎이 벌어진다'는 말은 착지각에 투구 방향으로의 힘이 아닌 옆 방향으로의 힘이 작용한다는 뜻이다. 즉 옆방향의 힘에 의해 밀려나온 무릎이 '벌어져'버리는 것이다.

효과적인 스텝 동작이라면 내딛는 다리는 축각의 작용에 의한 투구 방향으로 허리의 이동을 뒤따라 끌려 나오고, 골반은 착지 바로 전까지 회전을 일으키지 않는 상태에서 투구 방향으로 계속 나아가기 때문에 착지각에는 투구 방향으로의 힘만 작용해야 한다. 따라서 무릎이 벌어지는 근본적인 원인은 효과적인 스텝 동작이 이루어지지 않았다는 것이다.

그렇다면 착지한 다리에 옆방향의 힘이 작용하는 이유는 무엇일까.

사진 2-82 무릎이 안쪽으로 들어간 착지

ⓐ   ⓑ   ⓒ   ⓓ

무릎이 벌어지는 전형적인 원인으로서 다음의 세 가지를 들 수 있다.

❶ 무릎이 안쪽으로 들어간 착지

❷ 허리가 가라앉은 상태에서의 수평회전

❸ 고관절 내선 가동 영역 부족

우선 ❶의 '무릎이 안쪽으로 들어간 착지'(사진 2-82)인데, 사진을 보면 착지한 다리에 옆방향의 힘이 작용해버리는 이유는 무릎이 안쪽으로 들어간 착지를 하여 골반의 방향을 바꿀 때에 무릎의 방향을 바꾸어야 할 필요가 생기기 때문이라는 사실을 알 수 있다. 그러나 이것보다 왜 '무릎이 안쪽으로 들어간 착지'를 하게 되는 것인지 그 구조를 먼저 이해해야 하는데, 그 이유는 스텝을 밟을 때에 골반이 '누워' 있기(골반 후경) 때문이다.

〈사진 2-83〉은 일반적으로 골반이 '선' 상태(골반 전경)에서의 착지 자

사진 2-83 골반이 선 착지 자세
사진 2-84 사진 2-83에서 골반을 눕힌 자세

세이며, 〈사진 2-84〉는 그 자세에서 골반을 '눕혔을' 때의 자세다. '서
있을' 때 골반 바로 아래에 해당하는 부분은 골반이 누울수록 3루 쪽(오
른손 투수인 경우)으로 향하기 때문에 대퇴골이 향하는 방향도 3루 쪽이
되고, 무릎은 당연히 안쪽으로 들어간다. 이것이 골반이 '누우면' 무릎
이 안쪽으로 들어가게 되는 구조다.

골반이 눕는 문제는 내딛는 다리에만 한정된 것이 아니다. 골반이 '누
우면' 축각의 무릎 역시 안쪽으로 들어가기 때문에 두 다리가 안짱다리
상태에서 착지를 하기 쉽다는 특징이 있다(사진 2-85). 이런 착지 자세는
고관절 주변의 기능이 완전히 발달하지 않은 소년야구선수의 배팅 동작
에서 흔히 볼 수 있는데(사진 2-86) 투타 모두 구조는 똑같다.

이 자세에서 회전동작을 실시하는 경우, 착지한 다리는 골반이 회전
을 하기 위한 지탱점으로서 고정되지 않는다. 그 이유는 스쿼트 자세에
서의 회전을 비교했을 때에 설명한 것과 마찬가지로 허리의 회전에 수
반되어 무릎이 옆으로 움직이면서 '벌어져'버리기 때문이다.

사진 2-85 안짱다리 상태에서의 착지

사진 2-86 안짱다리 상태에서의 착지

사진 2-87

사진 2-88

사진 2-89

사진 2-90

사진 2-91

사진 2-92

다만 여기에서 오해하지 말아야 할 점이 있다. 스텝 도중에서의 안짱다리 자세가 모두 나쁜 것은 아니라는 점이다. 예를 들어, 효과적인 스텝 동작에서 볼 수 있는 '힙 퍼스트'라고 불리는 자세는 내딛는 다리의 발끝이 센터 방향을 향한다(사진 2-87). 이것은 일부러 다리를 비튼 것이 아니라 축각 고관절의 인입에 의해 자연스럽게 그렇게 되었을 뿐이지만, 어쨌든 두 다리를 보면 안쪽을 향하여 꼬인 관계를 이루고 있다. 이 스텝 동작에서도 비스듬히 뒤쪽을 향한 골반의 방향을 착지 바로 전까

사진 2-93 허리가 가라앉은 상태에서의 수평회전

지 바꾸지 않고 진행하기 때문에 내딛는 다리는 사타구니 쪽에 가까울수록 열리지 않은 상태가 되고, 발 쪽에 가까울수록 투구 방향을 향하여 앞쪽으로 옮겨진다(사진 2-88, 89, 90). 그 결과 착지할 때에는 발바닥 안쪽의 가장자리 전체가 바닥에 닿는다(사진 2-91, 92).

이처럼 개인의 유연성 등의 원인에 의해 내딛는 다리의 움직임이나 접지 방식에는 차이가 있지만 아무리 효과적인 스텝 동작이라고 해도 어느 정도는 안짱다리 상태를 경유한다. 따라서 안짱다리 자세가 모두 나쁜 것은 아니라는 말이다. 중요한 것은 스텝 동작이건 착지 동작이건 본래는 고관절을 중심으로 이루어지는 동작이어야 하는데, 골반이 '누워' 있는 탓에 무릎이 지나치게 안쪽으로 들어가면서 무릎을 중심으로 이루어지는 동작이 되어서는 안 된다.

다음으로 ❷의 '허리가 가라앉은 상태에서의 수평회전'(사진 2-93)에 관해서다. 허리의 위치가 낮게 가라앉으면 착지각의 무릎이 완만해져서 제대로 고정될 수 없다는 점은 이미 설명했다. 사진의 허리 위치에서 골반이 수평으로 돌아가게 되면 지면과 수평을 이룬 허벅지와 같은 높

사진 2-94 뒤쪽 허리를 비스듬히 위에서부터 앞으로 내미는 회전 방법

이에서 뒤쪽 허리가 멀리 돌아 투구 방향으로 향하게 된다. 뒤쪽 허리
가 투구 방향으로 직선적으로 나가면 착지각에는 가로 방향의 힘이 그
다지 작용하지 않지만, 허벅지와 같은 높이에서 멀리 돌게 되면 그 회
전에 의해 발생하는 수평 방향의 힘이 착지한 다리를 옆, 즉 '벌어지는'
방향으로 밀어내게 된다.

　이런 현상을 예방하려면 뒤쪽 허리를 비스듬히 위에서 앞으로 내미
는 듯한 골반 회전 방법을 이용해야 하지만(사진 2-94, 95), 스텝을 밟을
때에 뒤쪽의 허리가 멀리 도는 방향으로 진행해버리면 골반의 이런 비
스듬한 회전은 불가능하기 때문에 투구 방향을 향해서 축각 고관절을
직선으로 진행시키는 스텝 동작도 함께 습득해야 할 필요가 있다.

　마지막으로, ❸의 '고관절 내선 가동 영역 부족'에 관해서다. 착지각
의 고관절을 축으로 삼는 골반의 회전은 고관절의 내선동작(안으로 도는
동작)이기 때문에 고관절의 내선 가동 영역이 현저히 부족할 경우, 본인
은 효과적으로 움직인다는 생각으로 골반을 충분히 회전시킬수록 착지

사진 2-95 뒤쪽 허리를 비스듬히 위에서 앞으로 내미는 회전 방법

각은 골반의 회전력에 눌려 '벌어져'버린다. 다만 고관절 가동 영역에 의해 무릎이 벌어지는 현상이 나타날 정도라면 '병진운동'에서 축각을 효과적으로 사용하지 않았을 우려가 높다. 따라서 스스로 '굳어 있기 때문에 무릎이 벌어진다'고 결정을 내리는 선수라 해도 가동 영역의 한계까지 사용할 수 있도록 '병진운동'에서의 하반신 사용 방법과 골반 회전 방법 등의 연습을 되풀이하면 대부분의 경우 '무릎이 벌어지는' 문제는 해결된다.

이상의 사항을 통해서 착지 방법이나 착지한 다리의 움직임이 나빠지는 대부분의 원인은 '병진운동'을 실시할 때의 하반신 사용 방법에 있다는 사실을 이해했을 것이다.

흔히 내딛는 다리의 착지 방법에 관해서 '발끝이 먼저인가 뒤꿈치가 먼저인가' 등의 논쟁이 펼쳐지는 경우가 있는데 이런 논쟁은 아무런 의미가 없다. 내딛는 다리의 발 부분이 어떻게 접지하는가 하는 것은 그 이전 단계인 스텝을 밟을 때에 내딛는 다리가 어떻게 이동되어 왔는가

하는, 다른 움직임과의 균형에 의해 결정되는 것이기 때문이다. '어떻게 착지하는가'를 굳이 생각하지 않더라도 효과적인 '병진운동'을 실행하기 위한 하반신 사용 방법만 제대로 갖춘다면 자동으로 효과적인 착지를 할 수 있다.

앞에서, 효과적으로 스텝 동작을 실시했을 경우의 접지는 '발바닥의 안쪽 선부터'라고 설명했는데 하반신의 유연성 같은 개인차에 의해 접지를 할 때 뒤꿈치가 약간 더 먼저 닿는다고 해도, 또는 발끝부터 약간 더 먼저 닿는다고 해도 효과적인 '병진운동'을 위한 하반신 사용 방법이 제대로 이루어진다면 '다리를 고정한다'는 의미에서는 큰 차이가 없다. 그렇기 때문에 하반신 동작을 지도할 때에 필요한 것은 '병진운동'을 활용하는 방법뿐이며 착지 방법에 관한 내용은 굳이 다룰 필요가 없다. 착지동작을 지나치게 의식할 경우 내딛는 다리를 착지하는 데에만 집착하는 가장 바람직하지 못한 스텝 동작이 나올 수도 있다.

1→3정리

1. 내딛는 다리의 역할은 '병진 에너지'를 받아내어 '회전운동'으로 전환하는 것. 따라서 내딛는 다리는 착지한 순간에 고정되어야 한다.

2. 착지 후, 내딛는 다리의 무릎이 움직이면 스텝에서 발생한 '병진 에너지'는 무릎에 흡수되어 회전을 위한 지탱점이 고정되지 않기 때문에 골반의 날카로운 회전은 발생하지 않는다.

3. 내딛는 다리를 제대로 고정하려면 축각이 주체를 이루는 스텝 동작을 통하여 축각을 한껏 뻗어 착지한 순간에 내딛는 다리에 모든 체중이 실려야 한다.

4. 내딛는 다리를 제대로 고정하려면 스텝을 밟을 때의 축각 고관절과 마찬가지로 내딛는 다리의 고관절도 가능하면 뒤쪽(엉덩이 쪽)에 위치해 있는 상태에서 착지를 맞이해야 한다.

5. '골반 후경' 상태에서 스텝 동작이 이루어지면 착지할 때에 내딛는 다리의 무릎이 안쪽으로 들어가기 때문에 그 후의 회전에서 무릎이 옆으로 움직이면서 '벌어져'버린다.

6. 착지 후, 골반이 가라앉아 수평으로 회전하면 그 회전의 옆 방향으로부터의 힘에 의해 내딛는 다리가 밀리면서 무릎이 '벌어진다.'

7. 내딛는 다리 쪽 고관절의 내선 가동 영역이 좁으면 회전동작에 의해 무릎이 '벌어진다.'

8. 효과적인 스텝 동작이 제대로 이루어지면 효과적인 착지는 자동으로 이루어진다. 따라서 착지와 관련된 내용은 굳이 지도할 필요가 없다. 또 착지에 대한 지나친 의식은 자칫 축각이 주도해야 하는 스텝 동작을 방해하는 원인이 될 수도 있다.

4. 골반의 회전

앞에서, 효과적인 '병진운동'을 실행하기 위한 하반신 사용 방법이 제대로 이루어지면 내딛는 다리의 고관절을 축으로 삼은 날카로운 골반 회전도 자동으로 이루어진다고 설명했다. 그러나 투구동작을 습득하는 수준이 낮은 선수에게는 이 말이 통하지 않는 경우가 있다.

그 이유는 팔만을 사용해서 팔을 휘두르거나 상체를 앞으로 쓰러뜨리는 움직임을 이용하여 팔을 수직으로 휘두르는 '팔만으로 던지기(투수가 몸은 움직이지 않고 팔만 움직여서 공을 던지는 일)'나 '상체만으로 던지기(투수가 상체만 사용해서 공을 던지는 일)' 같은 경향이 강한 선수인 경우, 그 팔을 휘두르기 위해 골반을 회전시키는 움직임을 거의 이용하지 않기 때문이다. 따라서 팔을 휘두르는 데에 대한 이미지가 바뀌지 않는 한 어떤 식으로 스텝 동작을 실행하건 골반을 회전시키는 움직임은 실행되지 않는다.

즉 "스텝 동작을 효과적으로 실행할 수 있으면 효과적인 골반 회전도 자동으로 이루어진다"는 말은 원래 골반의 회전을 이용한 투구 방법을 어느 정도 구사는 하고 있지만 그 움직임이 그다지 바람직하지 않은 선수에게 해당하는 이야기다.

완전히 '팔만으로 던지는' 선수는 스텝 동작을 아무리 개선해도 '팔만으로 던지는' 자세에 파워를 더하는 정도일 뿐 착지 이후의 동작에서 커다란 개선을 보기는 어렵다. 그뿐 아니라 골반의 회전을 거의 사용하지 않고 공을 던지는 선수는 자기도 모르게 그 투구 방법에 적합한 자세로

사진 2-96 골반의 회전을 이용하여 팔을 휘두르는 동작

착지를 하려 하기 때문에 스텝 동작조차 개선효과를 기대하기 어렵다. 이런 점에서 보면 본래 먼저 갖추어야 할 동작은 '골반의 회전으로 팔을 휘두른다'는 것, 즉 골반의 회전과 팔을 휘두르는 움직임이 연계되어 이루어지는 연동동작이다.

투구동작 전체에서 가장 중요한 국면인 '던진다'는 행위 자체는 착지 이후에 '회전을 이용하여 팔을 휘두르는' 동작이다. 스텝 동작은 투구 방향으로의 '병진 에너지'를 낳는 '도움닫기'이며 보조동작에 해당하는 것이다. 이것은 반드시 올바른 스텝 동작을 지키지 않더라도 그와 비슷한 다른 동작을 이용해서도 얼마든지 투구가 가능하다는 점을 생각하면 쉽게 이해할 수 있다.

따라서 메인 국면에 해당하는, 착지 이후 '고관절을 축으로 삼은 골반의 회전을 이용해서 톱에 위치해 있는 팔을 휘두른다'는 동작(사진 2-96)을 투구동작의 기본 중의 기본으로서 확실하게 갖춘 다음에 올바른 스텝 동작을 실행해서 파워를 첨가, 투구동작 전체를 보다 효과적으로 만

들어가는 것이 투구동작의 구조에 바탕을 둔 올바른 개선 순서다.

올바른 신체 사용 방법이 전혀 갖추어져 있지 않은 선수는 물론이고, 어느 정도 갖추어져 있는 선수라 해도 효과적인 연동동작을 실행하려면 우선 '고관절을 축으로 삼은 골반의 회전을 이용해서 톱에 위치해 있는 팔을 휘두른다'는 기본 중의 기본 부분을 완전히 습득해야 한다.

나아가 팔은 골반의 회전에 의해 휘둘려지는 것이니까 기본 중의 기본을 최소한의 단위까지 축소해나가면 마지막에 남는 본질적 기본은 '고관절 위에서의 골반의 회전'이 된다. 이 '고관절 위에서의 골반의 회전'이라는 동작은 투구동작에서 가장 중요한 동작이기 때문에 스텝을 밟지 않고 그것만 몇 번을 연습하더라도 항상 똑같이 실행할 수 있도록 확실하고 정확하게 마스터해야 한다.

실제로 투구동작 개선과 관련된 지도를 하는 경우에 선수에 따라 진행 방법은 천차만별이겠지만 처음 개선을 시작하는 경우이건, 어느 정도 진행한 이후에 다시 처음부터 시작하는 경우이건 동작을 다시 만들어야 할 필요가 있다고 판단이 내려졌을 때에는 반드시 내딛는 다리의 고관절 위에서 골반을 회전시키는 회전 방법을 습득할 수 있는 체조를 반복하도록 해야 한다. 그리고 이것이 불가능하면 다음 단계로 진행하지 않을 정도로 높은 정밀도를 갖출 수 있도록 지도해야 한다.

물론 높은 정밀도는 그것이 '가능하다'는 판단이 내려진 경우에 해당되는 것으로 대부분 초등학교 고학년 이상의 선수에 대해서이지만, 가능하다는 판단이 내려진다면 초등학교 저학년이건 프로이건 관계는 없다.

또 투구동작 전체에 걸쳐 효과적인 사용 방법을 갖추고 있는 선수라고 해도 골반의 회전동작은 몇 번이고 거듭 확인해야 한다. 일류 선수일수록 기본에 관한 정밀도나 수준이 높아야 하기 때문이다. 프로가 굳이 그런 노력을 해야 하느냐는 의문을 가질 수도 있지만 오히려 프로이기 때문에 투구동작의 본질적인 동작이 조금이라도 잘못되어 있으면 큰 활약은 기대하기 어렵다.

5. 골반 회전 방법

〈사진 2-97~100〉은 노 스텝 상태에서 실시하는 골반 회전동작 체조다. 어깨 폭보다 약간 넓은 정도로 스탠스를 잡은 상태에서 축각은 투구 방향에 대해 직각으로 놓고, 내딛는 다리는 발끝을 투구 방향으로 향하여 축각의 뒤꿈치 앞(투구 방향 쪽)에 놓는다. 그리고 두 다리를 균등하게 뻗어 중심을 높인 상태에서 내딛는 다리의 무릎만 약간 힘을 빼고 상체를 축각 쪽으로 기울이면서 어깨 너머로 투구 방향을 바라보는 '에이밍' 자세를 만든다. 이것이 시작 자세다.

내딛는 다리를 축각의 뒤꿈치 앞에 놓는 이유는 투구 방향을 향하여 두 발의 뒤꿈치가 나란히 놓이는 위치가 '스퀘어 스텝square step'이기 때문이다. 고관절의 움직임을 중심으로 곧장 투구 방향으로 중심이동이 이루어지면 내딛는 다리는 반드시 이 위치에 접지한다. 또 스탠스를 실제보다 좁게 하여 중심위치를 높이 하는 것은 '내딛는 다리의 고관절이 축이 되어 골반이 회전하는' 움직임을 확실하게 확인하기 위해서 무릎

사진 2-97 노 스텝에서의 골반 회전동작 체조(정면)

사진 2-98 노 스텝에서의 골반 회전동작 체조(옆면)

의 움직임을 가능하면 배제하고 내딛는 다리에 체중을 싣기 쉬운 상황
을 만들려는 이유에서다.

다음으로, 시작 자세에서의 골반의 회전동작은 회전의 지탱점으로서
내딛는 다리를 고정시킨 채 그 위에서 골반을 돌리는 것이다. 즉 그 상
태에서 골반을 돌리는 것이 아니라 내딛는 다리 위에 골반을 올려놓는
것이다.

사진 2-99 노 스텝에서의 골반 회전동작 체조(뒷면)

사진 2-100 노 스텝에서의 골반 회전동작 체조(옆면)

이 부분에 대해서 〈사진 2-101~104〉는 노 스텝에서의 골반 회전동작 체조의 나쁜 예다. 축각에 체중이 남아 있는 상태로 내딛는 다리 위에 골반이 올라가지 않아 골반이 멀리 회전하고 있다.

좋은 예와 나쁜 예의 움직임을 비교하면 좋은 예인 경우에는 피니시에서 내딛는 다리가 바닥에 대해 수직을 이루고 있다는 데에 비하여 나쁜 예에서는 비스듬히 기울어져 있다는 것이다. 좋은 예에서 내딛는 다

사진 2-101 나쁜 예(정면)

사진 2-102 나쁜 예(옆면)

리가 수직을 이루는 이유는 투구 방향을 향하여 중심이 곧장 이동해서
내딛는 다리에 완전히 체중이 실려 회전을 위한 지탱점을 만들기 위해
서다. 그리고 나쁜 예에서 내딛는 다리가 비스듬히 기울어져 있는 것은
뒤쪽 허리가 멀리 돌면서 중심이 옆으로 진행, 내딛는 다리의 고관절이
골반 회전의 축이 되지 못했다는 증거다.

축각의 움직임을 보아도, 좋은 예에서는 발끝이 그 자리에서 바닥에
접촉해 있을 뿐으로 골반을 회전시켜도 옆으로는 나가지 않고 앞으로만

사진 2-103 나쁜 예(뒷면)

사진 2-104 나쁜 예(옆면)

끌려 나가는 것에 비하여 나쁜 예에서는 골반의 회전에 의해 축각이 크게 옆으로 나아간다. 이때 만약 체중 이동이 거의 없으면 발바닥이 바닥에 닿은 채로 회전하게 된다. 좋은 예에서의 축각의 움직임은 골반의 회전이 내딛는 다리의 고관절 위에서 확실하고 간결하게 이루어져 뒤쪽 허리가 최단거리로 앞으로 나아갔다는 증거이며, 나쁜 예에서의 축각의 움직임은 골반이 멀리 돈 경우에 발생하는 전형적인 동작이다.

그리고 피니시에서 두 다리의 뿌리 부분(사타구니 쪽)에 해당하는 부분

사진 2-105 오버스로의 골반 회전

의 공간이 비어 있는 상태를 살펴보면, 좋은 예에서는 두 다리의 뿌리 부분이 얽히듯 단단하게 닫혀 있는데 비하여 나쁜 예에서는 공간이 열려 있다. 이것은 좋은 예에서는 두 다리의 내전근을 서로 얽히듯 움직여 회전축을 한 점에 집약, 보다 세밀한 골반 회전을 실행하고 있다는 데에 비하여 나쁜 예에서는 내전근을 언급하기 이전에 내딛는 다리의 고관절을 축으로 삼지 못하여 골반이 멀리 돌아가는 회전을 일으키고 있기 때문에 두 다리의 뿌리 부분에 공간이 비게 되는 것이다.

이밖에 골반 회전 방법에서 중요한 포인트는 골반의 회전각도다. 특히 오버스로 선수인 경우에는 '골반을 비스듬히 돌려야' 한다. 오버스로인 경우의 팔의 각도는 팔 자체를 들어올려서 만드는 것이 아니라 체축體軸. body axis과 팔의 각도가 직각인 상태에서 체축을 비스듬히 기울여 만드는 것이며, 체축의 기울기는 골반을 기울여 만드는 것이기 때문이다.

골반의 회전력을 동체부터 팔을 휘두를 때까지 남김없이 전달하려

사진 2-106 사이드 스로의 골반 회전

사진 2-107 언더스로의 골반 회전

면 골반의 기울기와 체축의 기울기가 일치해야 한다. 그런 의미에서 오버스로에서는 뒤쪽 허리가 비스듬히 위에서 앞으로(사진 2-105), 사이드 스로에서는 수평회전으로(사진 2-106), 언더스로에서는 비스듬히 아래에서 앞으로(사진 2-107) 나아가야 한다.

　이처럼 골반이 비스듬히 회전하면서 체축이 기울어 올바른 회전동작이 이루어질 경우, 피니시에서 상체는 비스듬히 45도 왼쪽 앞 방향(오른쪽 투수인 경우)으로 인사를 하는 듯한 자세가 된다. '인사를 하는 듯한 자세'라고 표현했지만 고관절이 닫혀 있을 뿐 허리는 거의 굽혀지지 않는다. 이렇게 비스듬히 45도 방향으로 상체가 향하면 피니시에서 좌우의 어깨가 거의 같은 높이에서 완전히 교체된 형태가 된다. 완전히 교체된 형태란 두 어깨를 연결한 라인의 연장선이 포수와 센터를 가리키고 있는 상태를 말한다.

회전동작 체조의 나쁜 예로, 허리가 앞으로 꺾여 상체가 포수 방향을 향하고 오른쪽 어깨보다 왼쪽 어깨가 위에 있는 자세는 회전동작이 고관절을 닫는 내선의 움직임만으로 이루어지지 않고 오른쪽 어깨를 강하게 앞으로 내밀려는 생각으로 회전을 했다는 증거다. 이것은 평소에 팔 자체를 앞으로 내뻗으려 하는 '팔만으로 던지기'나 '상체만으로 던지기'를 사용했던 버릇이 나타나는 것이며, 골반의 회전을 이용해서 팔을 '휘두르는' 움직임을 갖추려면 이 체조 단계에서부터 올바른 회전 방법을 갖출 수 있도록 노력해야 한다.

이처럼 공이나 글러브를 착용하지 않은 상태에서 스텝을 밟지 않고 팔도 휘두르지 않으면서 골반의 회전 방법만을 연습하는 것은 초보적인 동작처럼 보이지만, 실제로 시험해 보면 제대로 되지 않는 선수들이 너무나 많다는 사실에 깜짝 놀랄 것이다. 평소에 실행하고 있는 몸에 익은 스텝을 밟지 않고 체중을 이동시켜 회전을 해야 하기 때문에 노 스텝 쪽이 오히려 어려울 수도 있다. 다만 이 움직임이 어려운 이유는 속임수가 통하지 않기 때문이다. 스텝을 첨가한 회전동작에서는 신체를 올바르게 사용하지 않더라도 그 기세 때문에 나름대로 잘 되고 있는 것처럼 느껴지는 것이다.

평소에 올바른 사용 방법이 갖추어져 있고 "골반을 돌리는 동작은 내딛는 다리의 고관절 위에 올라타는 것이다", "회전을 할 때에 내딛는 다리는 움직이지 않는다", "뒤쪽 허리는 곧장 투구 방향으로 나아가야 한다", "체축은 기울이는 것이다"라는 신체감각이 갖추어져 있는 선수는 그런 식으로 움직이지 않으면 회전이 제대로 이루어지지 않는다는 사실을 몸이 알고 있기 때문에 자연스럽게 그런 동작이 이루어진다. 만약 노 스텝에서는 그것이 불가능하다면 신체 사용 방법이 제대로 갖추어져 있지 않다는 의미다.

　예를 들어, "팔만으로 던진다"거나 "하반신을 사용하지 않는다"는 지적을 받는 투수라면 골반의 이런 움직임은 올바르게 이루어지지 않을 것이다. 체간의 회전동작을 이용해서 팔을 휘두르지 않고 팔 자체의 힘만으로 팔을 휘두르기 때문에 "팔만으로 던진다"는 말을 듣는 것이며, 평소에 팔의 움직임이 우세할 경우 골반을 올바르게 회전시켰을 리가 없다. "하반신을 사용하지 않는다"는 지적을 받는 선수들 대부분은 사실 '하반신을 사용하지 않는' 것이 아니라 '골반의 회전을 이용하지 않는' 것이다. 골반의 회전과 팔을 휘두르는 동작을 연동시켜 사용할 수 있다면 노 스텝으로 던져도 '팔만으로 던지는' 모습은 보이지 않는다.

　이 골반 회전동작은 투수, 야수에 관계없이 투구동작의 기본 중의 기본이다. 그 때문에 누구나 당연한 것처럼 활용할 수 있어야 한다. 그리고 나름대로 가능하게 되었다고 해도 결코 소홀히 여겨서는 안 된다. 가능하다고 느껴지더라도 '보다 세밀하게', '보다 날카롭게' 기본을 완전하게 갖출 수 있도록 노력을 기울여야 한다. 단순한 것이지만 정말 중요한 부분이기 때문이다.

3. 하반신 동작의 신체적 기초

1. 골반 '조이기 동작'과 기본 작용

지금까지 하반신 동작의 메커니즘으로서 보다 큰 '병진 에너지'를 만들어 그것을 보다 날카로운 골반 회전으로 전환하기 위해 필요한 하반신 사용 방법에 관하여 설명했다. 그 중에서도 특히 고관절의 움직임은 '병진운동'과 '회전운동' 양쪽을 모두 효과적으로 사용하기 위한 '열쇠'라고 말 할 수 있을 정도로 중요한 포인트라는 점을 구체적인 구조를 통해서 충분히 이해했을 것이다.

그리고 고관절의 중요성을 분명하게 이해하는 한편, 그 장벽도 깨달았을 것이다. 고관절을 올바르게 사용해야 한다는 것은 아마추어 야구선수 전반에 있어서 가장 힘든 부분이기 때문이다. 현장에서 지도를 담당하고 있는 분이라면 누구나 이런 감각을 느낄 것이다. "왜 이렇게 고관절을 적절하게 움직이지 못하는 것일까.", "어떻게 하면 고관절을 제대로 움직일 수 있게 될까." 이것은 현대 야구선수를 지도하고 있는 지도자들에게 공통되는 고민이며 과제다.

그런데 고관절의 움직임, 유연성, 관절가동 영역 등의 신체적 조건과 실제로 투구를 할 때의 하반신의 움직임을 비교해보면 이론적으로 부합되지 않는 현상을 보이는 선수들이 있다. 예를 들어, 고관절이 분명히 굳어 있음에도 불구하고 투구동작에서는 매우 정교하게 고관절을 이용하여 아무런 문제없이 하반신을 사용하는 선수가 있는가 하면, 스트레칭을 하면 180도 가까이 다리를 벌릴 수 있고 어떤 방향으로도 매우 유연하게 다리를 움직이는데도 불구하고 투구동작에서 고관절을 적절하게 사용하지 못하는 선수도 있다. 즉 고관절의 움직임에 문제가 있다고 생각했던 케이스나 고관절의 움직임이 좋기 때문에 충분히 잘 활용할 수 있다고 생각했던 동작에 고관절 이외의 다른 부분의 움직임이 관여되어 있다는 것이다.

고관절의 움직임에 영향을 끼치는 다른 부분의 움직임으로는 어떤 것이 있을까. 예를 들면, 골반을 안쪽으로 조이는 움직임이다(그림 2-3). 그와 반대로 골반이 열린 채 움직이지 않는 상태는 '두꺼운 하반신'이나 'O다리'가 원인이며, 미용업계에서는 교정이 필요한 타깃으로 삼는다.

골반에는 척추에서 이어지는 '선골仙骨'과 선골 좌우에 있는 '장골腸骨'로 이루어져 있는 '천장관절薦腸關節'이 있다(그림 2-3). 다른 관절처럼 크게 움직일 수는 없기 때문에 '안쪽으로 조인다'고 해도 약간의 움직임밖에 없다. 그러나 이 약간의 움직임이 하반신에서 이루어지는 모든 동작의 우열을 좌우한다. 하반신을 움직일 때 보조동작으로 무의식중에 움직이는 정도이지만 그 존재를 자각하고 동작을 잘 관찰하면 분명히 몇

그림 2-3 골반을 안쪽으로 조여주는 구조

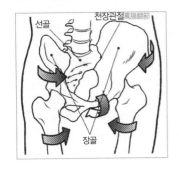

사진 2-108 열린다

사진 2-109 조인다

사진 2-110 열린다   사진 2-111 조인다   사진 2-112 열린다   사진 2-113 조인다

센티미터 정도는 확실히 '움직이고 있다'는 사실을 알 수 있다.

골반을 여는 움직임과 조이는 움직임을 체조적인 기본동작으로 제시하면 〈사진 2-108~113〉과 같다. 〈사진 2-108, 110, 112〉는 일반적으로 선 자세보다 골반이 좌우로 열린 상태이며 〈사진 2-109, 111, 113〉은 골반을 좌우에서 안쪽으로 끌어넣듯 조인 상태다.

골반을 열면 그 움직임에 의해 두 무릎이 바깥으로 향하듯 대퇴골이 외관상 외선外旋(바깥으로 도는 회전)을 일으키면서 발바닥의 새끼발가락 쪽으로 체중이 실린다. 동시에 고관절이 앞으로 나오고 골반은 뒤로 기울어지면서 허리의 폭과 두 고관절 사이의 거리가 넓어진다.

골반을 조이면 그 움직임에 의해 두 무릎이 안쪽으로 향하듯 대퇴골이 외관상 내선을 일으키면서 동시에 고관절이 뒤쪽으로 당겨져 골반은 앞으로 기울어진다. 그 때문에 발바닥 안쪽의 뒤꿈치 쪽에 체중이 실리고 새끼발가락 쪽이 바닥에서 뜨면서 허리의 폭과 두 고관절 사이의 거리가 좁아진다. 〈사진 2-109〉는 무릎이 안쪽으로 모인 것처럼 보이지만 무릎은 구부리지 않고 골반의 움직임만으로 안쪽으로 조여져 있는 것이다. 〈사진 2-112, 113〉은 골반만을 움직였을 뿐 손의 위치는 움직이지 않은 것이다.

2. 골반 '조이기 동작'과 '회전운동'의 관계

골반을 조이고 여는 움직임을 투구동작에서의 골반 회전에 적용하여 확인해보자. 골반이 열린 채 움직이지 않는 상태를 가정하고 회전동작을 실행하면 고관절은 닫히지 않고 열린 채로 투구 방향으로 향하는, 골반의 위치만을 바꾸는 결과가 나오기 때문에 내딛는 다리의 무릎에는 '벌어지는' 방향으로 힘이 걸리고 뒤쪽 허리는 멀리 돌아 앞으로 나간다. 피니시에서, 두 다리의 허벅지 뿌리 부분 공간이 비어 있거나 허리의 중심점이 내딛는 다리의 발 바로 위보다 옆으로 벗어나 있는 것을 보

사진 2-114 골반이 열린 회전동작

사진 2-115 골반 조이기를 사용한 회전동작

사진 2-116 골반을 연 다리 들기

사진 2-117
골반을 조인 다리 들기

사진 2-118 투구와 같은
힙 퍼스트

더라도 멀리 돌았다는 사실을 확인할 수 있다(사진 2-114).

다음으로, 골반의 '조이기 동작'을 사용하여 골반을 안쪽으로 끌어넣 듯 회전동작을 실행하면 회전의 지탱점이 되는 내딛는 다리 안쪽에 조 이는 힘이 작용하면서 고관절에는 굴곡과 내선의 움직임이 동시에 발 생한다. 또 두 다리의 허벅지 뿌리 부분이 얽히듯 조여지면서 회전축이 한 점에 집약되어 최소한의 회전 반경을 그리면서 날카로운 회전이 이루어진다. 피니시에서, 내딛는 다리가 회전의 지탱점으로 안정되어 있고 그 바로 위에 중심이 실려 고관절이 깊이 닫혀 있다는 점이나 허리와 두 어깨 전후의 위치관계가 바뀌어 있는 것을 보아도 골반이 날카롭게 회전했다는 사실을 확인할 수 있다(사진 2-115). 이것이 허리를 '비튼다' 는 것이다.

3. 골반 '조이기 동작'과 '병진운동'의 관계

골반을 안쪽으로 조이는 움직임의 특성은 골반이 앞으로 기울어지는 것, 고관절이 뒤쪽으로 당겨지는 것, 두 다리의 안쪽 허벅지 뿌리 부분이 가까워지는 외관상의 내선상태, 발바닥 안쪽의 뒤꿈치 쪽에 체중이 실리는 움직임 등이 모두 그 골반을 안쪽으로 조이는 움직임만으로 동시에 이루어진다는 것이다. 그리고 이 움직임들은 효과적인 스텝 동작을 위해 복합적으로 이루어져야 할 필요가 있다. 따라서 스텝 동작의 우열도 골반의 '조이기 동작'을 사용할 수 있는가에 달려 있는 문제라는 사실을 쉽게 추측할 수 있다.

'힙 퍼스트'라고 불리는 자세를 예로 들면, 골반이 열린 상태에서 한쪽 다리를 들어올릴 경우 정면으로부터 투구 방향 쪽으로 다리가 약간 올라가기 때문에 내딛는 다리부터 바닥에 닿기 어려운 스텝 자세가 된다(사진 2-116). 하지만 골반을 조이면 골반은 안쪽으로 향하기 때문에 다리를 비틀지 않아도 단순히 들어올리는 것만으로 다리는 축각 앞으로 올라간다(사진 2-117). 여기에 상체의 '에이밍' 각도와 축각의 투구 방향으로의 강한 기울어짐을 첨가하는 것만으로 투구할 때의 '힙 퍼스트'와 같은 자세를 만들 수 있다(사진 2-118).

여기에서 만든 '힙 퍼스트' 자세는 다리를 지면에서 띄우는 동작만으로 만들어본 것이지만(퀵 모션은 이렇게 한다), 실제 투구동작에서는 중심을 가라앉히면서 내딛는 다리를 내려 '힙 퍼스트' 자세로 이행하기 때문에 골반의 '조이기 동작'은 내딛는 다리를 들어올렸다가 내리기 전까지 이루어진다.

그렇다면 효과적인 스텝 동작에서 골반의 '조이기 동작'이 어떻게 이루어지는지 투구동작의 흐름을 통해서 살펴보자(사진 2-119, 120). 우선 내딛는 다리를 들어올리는데 이때는 골반의 '조이기 동작'을 실행하지 않는다(사진 2-119, 120의 각 a). 그 후 상체에 '에이밍' 각도를 만들고 축각 고관절을 뒤쪽(엉덩이 쪽)으로 끌어당기면서 투구 방향으로 기울이고 내딛는 다리는 축각 쪽으로 보낸다(사진 2-119, 120의 각 a~c). 이런 움직임을 낳는 것이 골반의 '조이기 동작'이다.

골반의 '조이기 동작'을 이용해서 고관절을 뒤쪽으로 끌어당기는 것에 의해 골반은 약간 비스듬히 축각 방향으로 향하는데, 그와 동시에 다리 전체에 안쪽으로 조이는 힘도 작용하고 있기 때문에 무릎은 '벌어지는' 일 없이 발바닥 안쪽으로 체중이 옮겨지면서 투구 방향으로 자연스럽게 기울어진다('오프 밸런스'로의 이행). 그리고 골반이 안쪽 방향으로 조여졌기 때문에 허리를 크게 돌리지 않아도 내딛는 다리를 축각 방향으로 보낼 수 있으며, 그 후에 축각에 얽히듯 다리가 내려갈 준비가 갖

사진 2-119 골반의 조이기를 이용한 스텝으로의 이행 동작(옆면)

사진 2-120 골반의 조이기를 이용한 스텝으로의 이행 동작(비스듬히 옆면)

추어진다. 상체의 '에이밍' 각도를 만들 때에 필요 이상으로 등 쪽으로 향하지 않는 이유도 골반의 '조이기 동작'을 이용하여 축각 고관절을 끌어당기면서 내딛는 다리를 축각 방향으로 보내고 있기 때문이다.

중심을 가라앉히는 동작을 시작하기 전의 두 다리의 관계를 바꾸어 말하면, 축각 고관절을 끌어당기는 골반의 조이기 동작에 의해 축각은 투구 방향으로, 들어올린 다리는 반대 방향으로 서로 조여져 두 다리의 허벅지가 상하로 나란히 늘어선 상태라고 설명할 수 있다(사진 2-120 c). 다만 이 자세에서 오해하지 말아야 할 점은 축각의 무릎은 조여지더라도 안짱다리처럼 투구 방향으로 향하는 일은 없다는 것이다. 무릎은 안쪽으로 조여지더라도 항상 발끝 방향을 향하고 있다. 축각을 안쪽으로 죄었는데 무릎이 안짱다리가 되는 것은 고관절을 제대로 끌어당기지 못했기 때문에 발생하는 현상이다.

이렇게, 중심을 가라앉히기 전의 준비자세가 완성되면 좌우의 골반은 이미 안쪽을 향하여 조여져 있기 때문에 그 이후에는 중심을 가라앉히고 들어올렸던 다리를 그대로 내리기만 하면 '힙 퍼스트' 자세가 완성된다(사진 2-119, 120의 각 c~e).

다음에는 중심을 가라앉히고 스텝 동작으로 돌입하는 움직임이다. 〈사진 2-119, 120의 각 c〉까지 정돈된, 골반을 조인 상태를 유지한 채 축각을 구부리면 이미 뒤쪽으로 끌어당겨진 고관절의 위치는 그대로 있고, 골반에는 '서 있었을 때' 앞으로 기울어진 상태를 유지하려는 힘이 작용하기 때문에 축각의 무릎은 발끝 방향으로 거의 나가지 않고 엉덩이 쪽으로 걸터앉는 듯한 모양으로 가라앉게 된다. 그리고 이미 투구 방향으로 기울어져 있던 축각은 그 기울기를 더욱 강화하면서 구부려져 '오프 밸런스'를 살린 스텝 동작이 시작된다.

이때 축각을 구부리는 움직임보다 약간 늦게 내딛는 다리를 내리는 동작을 시작하면 내딛는 다리는 축각에 얽히듯 뻗어나가, 축각의 기울기에 의해 이미 시작되고 있는 허리의 이동을 뒤따르는 형식으로 뒤쪽에서 투구 방향을 향해 나가게 된다(사진 2-119, 120의 각 c~e).

사진 2-121 골반의 끌어당김과 무릎 조임이 양립하는 축각

사진 2-122 축각은 투구 방향으로 옆 방향(뒷면)

사진 2-123 옆 축각은 투구 방향으로 옆 방향(옆면)

사진 2-124 축각의 무릎만을 조인 스텝

사진 2-125 축각의 무릎이 벌어진 스텝

　이때의 축각은 고관절이 확실하게 끌어당겨지고 무릎은 투구 방향을 향하여 서로 역방향으로의 힘이 작용하기 때문에, 고관절을 끌어당기는 것에 의한 '회전하지 않는 골반'과 무릎의 조임에 의한 '벌어지지 않는 무릎'이 동시에 형성되면서 '양쪽 모두 회전하지 않는 축각'이 만들어져 투구 방향으로 옆 방향을 유지한 상태로 스텝 동작을 실행하게 된다(사진 2-121). 〈사진 2-119 d, e〉에서 착지 직전까지 발끝의 방향과 정강이, 무릎, 대퇴골의 정면이 향하는 방향은 모두 투구 방향에 대해 옆 방향인 상태이며, 무릎이 구부려져 있다고 해도 3루 쪽에서 볼 때에는 일직선을 유지하면서 나아가는 것이다(사진 2-122, 123의 각 c~d).

사진 2-126 골반이 열린 선수의 다리 올리기 사진 2-127 골반이 열린 선수의 다리 올리기

만약 축각의 무릎이 안짱다리처럼 투구 방향으로 빨리 향하면 허리가 빨리 열리고(사진 2-124), 반대로 축각의 무릎이 게 다리처럼 '벌어져' 가라앉으면 축각 위에서 중심이 안정된 상태에서 내딛는 다리를 투구 방향으로 이동시키는 스텝이 되어 '오프 밸런스'를 살려 축각이 주체를 이루는 스텝 동작은 실행할 수 없다(사진 2-125). 그럴 경우 스텝의 기세는 약해지고 보다 큰 '병진 에너지'는 얻을 수 없다.

골반이 열린 상태로 움직이지 않는 선수나 골반을 충분히 조이지 못하는 선수가 '축각의 고관절을 끌어당긴다', '들어올린 다리를 축각 쪽으로 붙인다', '상체에 에이밍 각도를 만든다' 등의 동작을 실행하려 하는 경우에는 허리부터 상반신, 얼굴까지 함께 센터 방향으로 멀리 돌아버리는 움직임이 나타난다(사진 2-126). 그밖에 축각의 무릎이 '벌어져' 새끼발가락 쪽으로 체중이 실리는 현상이나, 들어올린 다리의 발 부분이 축각으로부터 멀어져 가까이 댈 수 없는 현상 등도 자주 볼 수 있는 특징이다(사진 2-126).

또 이런 타입에 해당하는 선수가 무리해서 엉덩이부터 앞으로 내밀려 하는 경우, 본래는 골반을 조이는 방법으로 들어올린 다리의 '발 부분이 무릎보다 축각 방향 쪽에 위치하는 선 자세(사진 2-120 c)'가 되어야 하는 것이, 엉덩이를 비틀어 올리는 동작 때문에 내딛는 다리의 고관절이 안쪽으로 돌면서 '발 부분이 무릎보다 투구 방향 쪽에 위치하는 선 자세(사진 2-127)'가 되어 거기에서 이어지는 스텝 동작에서는 내딛는 다리부터 닿기 어려워진다.

1→3정리

1. 투구동작에서 요구되는 고관절 사용 방법의 우열은 대부분 스텝 동작에서의 축각 고관절의 움직임, 회전동작에서의 내딛는 다리 쪽 고관절의 움직임과 함께 골반의 '조이기 동작'을 공동으로 실행할 수 있는가에 의해 결정된다. 그 때문에 고관절의 정확한 동작을 만들고, 골반의 정확한 동작을 만들어야 한다.

체간동작의
메커니즘

제 **3** 장

1. 체간 회전동작의 구조

1. 등 근육의 중요성

흔히 투수는 대각선 비틀기나 허리를 회전할 때의 '비틀기'가 중요하다는 이유에서 상체를 대각선 방향으로 비틀면서 일으키는 복근운동을 비롯해서 좌우로 몸을 비트는 운동을 많이 한다. 그 트레이닝이 효과적인가 하는 문제는 별개로 치고(나도 기초운동으로서 실시하도록 하고 있지만) 그 현상 자체를 생각해보면 투구동작에서 체간을 사용하는 방법을 거의 모르고 있는 행동이라고 말할 수 있다.

체간 회전동작에서 회전을 시작한 이후에 릴리스까지 동체의 앞면은 수축되거나 구부러지는 일이 없을 뿐 아니라 그런 움직임이 있어서는 안 되기 때문이다.

〈사진 3-1, 2〉를 보자. 회전을 시작한 이후에 릴리스까지 동체의 앞면이 수축되어 앞으로 구부러지는 동작은 한 번도 없다. 스로잉 암(공을 던지는 팔)은 체간의 회전에 의해 이끌려 나오기 때문에 오른쪽 가슴 쪽

사진 3-1 효과적인 체간의 회전동작(정면)

사진 3-2 효과적인 체간의 회전동작(옆면)

은 당연히 앞으로 수축되지 말아야 한다. 리딩 암leading arm(글러브를 쥔 팔)의 어깨도 스로잉 암을 이끌어내기 위해 회전에 앞서 등 쪽 아래 방향으로 움직이니까 왼쪽 가슴 쪽은 당연히 수축되지 말아야 한다.

사진을 보면 알 수 있듯 상체의 회전은 스로잉 암을 테이크 백에서의 '톱'의 위치로 끌어당긴 상태에서 리딩 암의 어깨를 등 쪽으로 끌어내리는 동작에 의해 따라 이루어지는 것이기 때문에 수축되어야 하는 것은 복근 쪽이 아니라 등 근육 쪽이다.

또 등 근육의 수축은 내딛는 다리 쪽 고관절에서의 골반 회전에서도 중요한 의미를 가진다. 〈사진 3-3 a〉는 의자에 앉아 등을 곧게 폈을 때(등 근육을 수축시켰을 때)의 자세이고, 〈사진 3-3 b〉는 의자에 앉아 배에 힘을 주고 허리를 둥글게 말았을 때(복근을 수축시켰을 때)의 자세다. 전자에서는 골반이 '서기' 때문에 고관절이 보다 깊이 굴곡되어 허리가 앞으로 나오지만, 후자에서는 골반이 '눕기' 때문에 고관절의 굴곡보다 배가 더 접힌다.

투구동작에서도 마찬가지로, 등 근육의 수축은 허리를 투구 방향으로 밀어내어 고관절에서의 골반 회전을 돕는 것과 동시에 그 회전을 투구 방향으로 이동시킨다. 한편 복근을 수축시켜 허리를 앞으로 접는 듯한 체간의 움직임이 발생하면 그 허리의 굴곡 정도가 클수록 고관절에서의 골반 회전은 발생하지 않으며, 설사 발생한다고 해도 도중에 멈추어버린다.

〈사진 3-4〉는 복근을 수축시켜 허리를 앞으로 접는 방식을 취한 투구동작의 예다. 팔만 보면 완전히 휘두른 것 같지만 골반 회전이 불완전하며, 동작 전체를 보면 두 어깨의 교체가 충분히 이루어지지 않았다.

이런 동작을 취하게 되는 원인으로는 상체가 지나치게 강하거나 고관절이 굳어서 원활하게 움직일 수 없는 두 가지 경우를 생각할 수 있다. 상체가 지나치게 강한 경우, 팔이 체간의 회전에 이끌릴 때까지 기다리지 않고 팔 자체의 힘으로 움직여 팔이 본래 갖추어야 할 연동의 순서를 추월해버리면 추월당한 관절은 추월당한 시점에서 움직임을 멈추어버리기 때문에 체간의 회전동작이 멈추어버린다.

사진 3-3 등 근육의 수축과
앞으로 기울어지는 골반

사진 3-4 허리를 앞으로 접는 투구동작

고관절이 굳어 있는 경우에는 고관절을 이용해서 골반을 회전시키는 가동 영역이 줄어들기 때문에 허리를 앞으로 접어 던지는 수밖에 없다. 그러나 아무리 고관절이 굳어 있다고 해도 그 정도로 심하게 굳어 있는 선수는 거의 없다. 대부분은 일상생활에서 고관절을 거의 사용하지 않고 상체를 중심으로 움직이는 버릇이 배어 있을 뿐이다. 이런 의미에서는 상체가 지나치게 강한 경우와 마찬가지다.

2. 체간 움직임의 기본적 구조

〈사진 3-1, 2〉의 해설에서 "스로잉 암을 테이크 백의 '톱'의 위치로 끌어당긴 상태에서 리딩 암의 어깨를 등 쪽으로 끌어내리는 동작에 의해 상체의 회전을 이끌어낸다"고 설명했다. 이 움직임은 체간 사용 방법의 기본적인 구조로서 가장 중요한 포인트다. 그 이유는 내딛는 다리

사진 3-5 체간의 기본적인 움직임의 구조(옆면)

사진 3-6 체간의 기본적인 움직임의 구조(정면)

쪽 고관절에서의 골반 회전과 동조하여 이런 움직임이 가능한가 하는 것이 '팔만으로 던지기'가 되는가, '신체를 사용한 던지기'가 되는가의 차이를 구분하기 때문이다.

즉 체간을 회전시켜 팔을 휘두르기 시작할 때 신체를 사용하여 팔을 휘두르는 선수는 리딩 암의 어깨를 등 쪽으로 끌어내리는 것부터 회전의 움직임이 시작된다. 그리고 '팔만으로 던지는' 선수는 스로잉 암의 팔 자체나 그 어깨를 앞으로 내미는 것부터 먼저 움직인다.

사진 3-7 흉곽의 오므림

사진 3-8 흉곽의 열림

　한 마디로 '팔만으로 던지기'라고 해도 그 정도에는 차이가 있는 것이다. 다만 "스로잉 암 쪽부터 먼저 움직이기 시작한다"는 극단적인 '팔만으로 던지기'는 아니라 해도 리딩 암 쪽 어깨의 움직임이 불충분하고 스로잉 암 쪽 어깨를 앞으로 내미는 동작이 중심이 되어 상체의 회전이 일어난다는 점에서는 거의 비슷하다. 팔은 체간의 회전에 이끌려 '휘둘려지는' 것이기 때문에 리딩 암 쪽부터 먼저 움직이는 것이 중요하다는 점은 굳이 강조할 필요도 없다. 그리고 스로잉 암 쪽의 어깨를 앞으로 내밀려 하는 회전일수록 '팔만으로 던지기'가 되는 것 역시 당연하다.

　〈사진 3-5, 6〉은 체간 움직임의 기본적인 구조를 단순화하여 제시한 것이다. 흉곽胸郭의 움직임에는 안으로 오므리는 움직임(사진 3-7)과 가슴을 여는 움직임(사진 3-8)이 있는데 테이크 백의 '톱'에서는 리딩 암 쪽의 흉곽은 오므린 상태, 스로잉 암 쪽의 흉곽은 열린 상태가 되어 있다(사진 3-5, 6의 각 a~c). 거기에서부터의 체간의 움직임은 리딩 암 쪽 흉곽을 여는 것부터 시작하는데(사진 3-5, 6의 각 d) 이때 스로잉 암 쪽의 흉

곽은 '톱'에서의 열린 상태가 유지되고 있기 때문에 여기에서 처음으로 좌우의 흉곽이 열리고 등 전체가 강하게 수축된 상태가 된다.

'톱'에서의 이 자세는 착지 바로 전, 발이 지면으로 향할 때에 준비되고 리딩 암 쪽 흉곽을 여는 움직임은 거기에서부터 완전히 착지하기 바로 전까지 이루어진다.

착지를 하면 내딛는 다리 쪽 고관절에서 골반의 회전이 시작되고, 그와 동시에 리딩 암 쪽 어깨(견갑골)는 흉곽을 여는 흐름에서부터 광배근의 하부와 복사근 등의 수축에 의해 아래로 끌려 내려온다(견갑골이 내려오는 것을 하제下制라 한다. 사진 3-5, 6의 각 d~g). 그 움직임에 의해 체축의 기울기가 만들어지면서 체간은 회전을 하고, 리딩 암 쪽의 리드에 의해 스로잉 암이 '톱'에서 끌어 당겨지는 상태를 유지한 채 투구 방향으로 끌려 나오는 것이다.

체간의 움직임을 이렇게 포착하면 스로잉 암이 '톱'의 위치를 유지한 채 끌려나온다는 것, 리딩 암의 어깨부터 먼저 열린다는 것이 어떤 의미인지 이해할 수 있을 것이다. 그리고 흉곽이나 견갑골 등이 제대로 움직여 가슴을 오므리는 움직임이나 열리는 움직임이 충분히 이루어질 수 있는 신체를 만드는 것이 왜 중요한지도 이해할 수 있을 것이다. 한마디로 '체간의 회전'이라고 표현하지만 동체가 딱딱하게 고정된 상태에서 회전을 하는 것이 아니다.

또 가슴을 편다고 해도 〈사진 3-9〉처럼 착지 타이밍에서 가슴의 중앙을 내밀 듯 펴는 것은 아니라는 사실도 알 수 있다. 〈사진 3-10〉처럼 좌우의 흉곽을 오므린 상태와 연 상태의 상호 차이가 있는 상태에서 리

사진 3-9 가슴을 잘못 편 자세   사진 3-10 좌우가 다른 흉곽

딩 암 쪽부터 열어 회전을 리드하기 때문에 투구 방향을 향하여 가슴이 자연스럽게 펴지게 되는 것이다.

이런 체간의 움직임을 설명하기 위해 하나하나의 자세로 분해하고 있지만 실제로는 일련의 흐름 속에서 각각의 동작이 겹치면서 이루어진다. 특히 리딩 암 쪽의 흉곽을 여는 움직임과 고관절에서의 골반 회전은 거의 동시라고 말할 수 있을 정도로 순간적으로 이루어진다.

3. 체간의 '벌어짐' 형성

테이크 백의 '톱'에서 좌우 흉곽에 차이가 발생하는 데에는 어떤 의미가 있을까.

리딩 암 쪽의 흉곽을 오므리는 움직임은 상체에 '에이밍' 자세를 만들기 위해 실행하는 것이다(스텝 동작의 해설 참조). 즉 스텝 동작으로 이행

사진 3-11 리딩 암 쪽 가슴과 어깨의 오므린 상태 유지(옆면)

사진 3-12 리딩 암 쪽 가슴과 어깨의 오므린 상태 유지(정면)

되기 전부터 준비되는 움직임이며, 어깨가 열리는 현상을 억제하는 것은 착지를 맞이하기 바로 전까지다. 따라서 이 '오므림'에 의해 발생하는 견갑골의 외전外轉(견갑골이 척추로부터 멀어지는 움직임)과 약간의 거상擧上(견갑골이 위로 올라가는 움직임) 상태를 유지한 채 리딩 암을 투구 방향으로 내미는 동작이 이루어지는 것이다(사진 3-11, 12).

또 스로잉 암 쪽 흉곽의 열림은 테이크 백의 '톱'을 향하여 견갑골(팔꿈치)이 등 쪽으로 끌어당겨지는 움직임에 의해 만들어진다. 이것은 스로잉 암이 체간의 회전에 뒤처져 끌려 나가는 데에 필요한, 충분한 '톱'의 깊이를 만드는 것과 연결된다.

이렇게 해서 좌우의 흉곽이 서로 차이가 있는 관계가 만들어지면 상체에는 자동적으로 비틀림이 발생하는 것이다.

이처럼 흉곽 좌우의 서로 다른 차이가 만들어진 상태는 흉곽을 의도적으로 움직여서 만들었다기보다는 상체의 각도나 팔의 움직임 등 다른 부분에 좋은 자세를 만들려고 했을 때에 그 자세를 보완하기 위해 자연적으로 나타나는 현상이라는 사실을 알 수 있다. 그리고 이런 현상은 착지를 맞이하는 타이밍에서의 테이크 백의 '톱'의 자세를 보완해 준다.

착지를 맞이하는 타이밍에서 골반은 회전을 시작하는데 아무리 적게 열리는 선수라 해도 투구 방향에 대해 옆을 향한 상태를 유지했다가 착지로 들어가는 순간부터는 급격한 회전을 시작하려 한다. 거기에 '에이밍' 각도를 상체에 유지한 채 돌입, 스로잉 암을 '톱'의 위치로 끌어당기는 움직임에 의해 골반의 방향과 상체의 방향 사이에 비틀림이 발생한다. 이 비틀림에 의해 골반의 회전에 상체의 회전이 뒤따르게 되고, 그 상체의 회전에 팔이 뒤처져 끌려나오기 위해 필요한, 체간의 스트레치 stretch 상태가 갖추어지게 되는 것이다.

즉 흉곽의 좌우가 다른 상태는 '연동에서 가장 중요한 포인트'라고 말할 수 있는 착지 타이밍에서의 체간의 스트레치 상태를 형성하는 과정을 도와주는 것이다. 구체적으로는 리딩 암 쪽의 흉곽을 오므리는 방법을 이용해서 그 이후에 사용하려는 리딩 암 쪽의 옆구리부터 광배근 아

사진 3-13 똑바로 서 있는 체간   사진 3-14 옆으로 기울어진 체간

래쪽이 늘려지고(사진 3-12 d), 스로잉 암을 '톱'으로 끌어당기는 데에 따르는 흉곽의 '열림'에 의해 내딛는 다리의 고관절 앞면에서부터 스로잉 암의 어깨에 걸친 대각선 부분이 가장 멀리 떨어진다(사진 3-11 d).

이것은 배팅을 할 때 착지에서의 '톱' 상태와 마찬가지로 골반의 회전에 상체의 회전이 뒤따라 끌려나오기 위해 필요한 자세이며, 야구계에서는 예로부터 체간이 '벌어지는' 현상이라고 부르고 있다. 좌우의 흉곽이 이렇게 움직이지 않으면 체간에 '벌어지는' 현상이 발생하지 않아 허리와 어깨는 동시에 돌아간다.

체간이 '벌어지는' 자세는 단순히 동체가 비틀리는 것에 의해서만 발생하는 현상은 아니다. 〈사진 3-13〉에 대한 〈사진 3-14〉의 차이처럼 동체가 옆으로 기울어지는 움직임도 동시에 발생한다. '옆으로 기울어지는' 움직임에 의해 허리가 선행하면서 착지까지 축각이 뻗기 쉬워지고, 그와 동시에 상체의 방향에 골반의 방향이 끼치는 영향이 줄어들고 착지까지의 '에이밍' 각도를 유지하기 쉬워진다. 그리고 '벌어지는' 현상

의 스트레치 상태가 강화되기 때문에 '회전운동'에서 옆구리부터 광배근 아래에 걸친 움직임이나 스로잉 암이 뒤처져 끌려나오는 작용을 보다 강화해 준다.

이 '옆으로 기울어지는' 현상은 의식적으로 만드는 것이 아니다. 리딩 암 쪽의 흉곽을 오므리는 움직임과 스로잉 암 쪽의 흉곽을 여는 움직임이 함께 충분히 이루어지면 자연스럽게 '비틀림'이나 '옆으로 기울어지는 현상'도 발생하는 것이다. 그리고 체간이 '벌어지는' 자세는 리딩 암 쪽의 흉곽을 오므려 상체에 '에이밍' 자세를 만들면 그 이후에는 상체의 면을 유지한 채 '병진운동'을 실행, 착지를 향하여 내딛는 다리가 투구 방향으로 향해가는 움직임에 골반이 끌려 나가면서 만들어지는 것이며, 상체를 비틀어서 만든다기보다 상체의 방향을 바꾸지 않고 골반만의 방향을 바꾸어 만들어지는 것이라고 말할 수 있다(사진 3-11, 12).

다만 충분한 '벌어짐'이 자연스럽게 만들어지려면 늑골이나 흉추, 요추 하나하나가 여유 있게 움직일 수 있는 신체가 갖추어져야 한다는 조건이 붙는다. 바꾸어 말하면, 이 움직임들이 나쁘면 '비틀림'이나 '옆으로 기울어지는 현상'은 충분히 이루어지기 어려우며 리딩 암의 어깨를 여는 움직임부터 먼저 시작하는 것도, 스로잉 암에 깊은 '톱'의 위치를 준비시켜 체간의 회전을 따라 끌려 나가게 하는 것도 쉽지 않다. 그뿐 아니라 늑골이나 흉추의 움직임이 좋은가 나쁜가 하는 것은 견갑골의 움직임과도 밀접하게 관계가 있으며, 테이크 백에서 팔꿈치가 올라가지 않는다거나 앞쪽 어깨가 빨리 열려버리는 등의 원인으로도 작용한다.

사진 3-15 팔만으로 던지면 어깨가 멀리 돌아간다(정면)

사진 3-16 팔만으로 던지면 어깨가 멀리 돌아간다(옆면)

4. '팔만으로 던지는' 것과 '체간을 살린 투구'의 차이

'체간 움직임의 기본적 구조'라는 항목에서 신체를 사용하여 공을 던
지는 선수는 상체의 회전동작이 리딩 암 쪽 어깨를 등 쪽으로 끌어내리
는 움직임부터 시작되는 데에 비하여, '팔만으로 던지는' 선수는 리딩
암 쪽 어깨의 움직임이 충분하지 못한 상태에서 스로잉 암 쪽의 어깨를

앞으로 내밀 듯 상체의 회전동작이 이루어진다고 설명했다. 이 회전동작의 시작 부분의 차이는 그 후의 움직임에 어떤 영향을 끼칠까.

〈사진 3-1, 2〉는 리딩 암 쪽부터의 리드로 팔을 이끌어낸 '신체를 사용한 투구동작'이고, 〈사진 3-15, 16〉은 리딩 암 쪽의 움직임을 멈추고 스로잉 암 자체를 앞으로 내밀 듯 팔을 휘두르는 '팔만으로 던지는 투구동작'이다.

전자인 신체를 사용한 투구동작에서는 리딩 암 쪽의 어깨를 끌어내리는 것에 의해 체축이 기울면서 그 어깨에는 상체 회전의 지탱점이, 내딛는 다리의 고관절에는 골반 회전의 지탱점이 만들어진다. 그리고 '톱'에서 등 쪽으로 끌어당긴 상완골上腕骨에 두 어깨를 연결하는 일직선의 관계가 유지된 상태에서 회전축과 직각으로 교차하는 방향으로 스로잉 암이 끌려 나가며, 그 연장선 위에 앞 팔(팔꿈치에서 손목까지)이 휘둘려져 릴리스가 이루어진다.

체간과 이런 관계를 유지하면서 팔을 휘두르면 팔이 휘둘려지는 '지렛대'의 길이는 리딩 암 쪽 어깨를 지탱점으로 삼는 길이가 되고, 체간의 회전력이 작용하는 방향과 팔이 휘둘려지는 방향이 일치하기 때문에 '지렛대'의 길이에 의한 보다 큰 원심력을 최대한으로 살릴 수 있다.

한편 후자인 팔만으로 던지는 경우에는 리딩 암 쪽 어깨는 스로잉 암을 앞으로 내미는 움직임에 맞추어 움직일 뿐 기본적으로 멈추어 있기 때문에 체축은 기울어지지 않는다. 또 팔 자체를 휘두르기 때문에 상완골은 두 어깨를 연결한 라인에서 벗어나 움직이며, 스로잉 암 쪽 어깨를 지탱점으로 삼기 때문에 '지렛대'가 짧아져 체간 회전의 움직임과는 관계없이 팔을 휘두르는 현상이 발생한다. 이래서는 체간 회전의 원심력은 거의 발생하지 않으며, 설사 어느 정도 발생한다고 해도 팔에는 전달되지 않는다.

이런 차이를 하나의 포인트로 제시한다면 '스로잉 암 쪽 어깨의 진행 방향의 차이'다. 전자인 경우에는 스로잉 암 쪽 어깨가 테이크 백의 '톱'의 시점에서 투구 방향을 향하여 직선으로 끌려 나간다는 데에 비하여, 후자인 경우에는 3루 방향으로 진행, 멀리 돌아서 투구 방향으로 나간다.

전자처럼 어깨가 직선을 유지하면서 진행된다는 것은 그 어깨의 투구 방향으로의 이동이 가장 짧은 시간에 이루어진다는 의미다. 그렇게 되면, 예를 들어 팔을 휘두르는 투구 방향으로의 가속거리가 길어지기 때문에 착지를 맞이하는 타이밍에서 '에이밍' 자세나 체간의 '벌어짐', 깊은 '톱'의 위치를 만드는 데에도 매우 효율적으로 상체를 회전시켜 두 어깨를 충분히 교체할 수 있다. 즉 이 움직임은 팔을 휘두르는 가속거리를 늘리면서도 가장 날카로운 회전동작을 실현, 최고속도로 팔을 휘두를 수 있는 체간 사용 방법인 것이다. 또 그 어깨의 투구 방향으로의 직선적 이동의 방향성은 팔을 휘두르는 데에도 직선적인 방향성을 주기 때문에 속도뿐 아니라 컨트롤도 안정시킬 수 있다.

이상과 같이 스로잉 암을 '톱'의 위치로 끌어당긴 채 리딩 암 쪽 어깨를 등 쪽으로 끌어내리는 움직임에 앞서 체간의 회전동작을 시작하는 것은 투구동작의 구조 중에서도 매우 중요한 포인트다.

체간의 회전동작이 올바르게 이루어지면 리딩 암 쪽 어깨가 끌려 내

려와 상체가 기울어지는 시점에서 축회전이 발생하기 때문에 피니시에
서는 상체에 45도 기울기 방향으로 인사를 했을 때와 비슷한 자세가 갖
추어지고 두 어깨가 완전히 교체되며(고관절을 축으로 삼아 인사를 하는 자세
이며 허리를 접는 것은 아니다), 그 두 어깨를 연결한 라인은 반드시 포수와
센터를 가리키는 수평선을 이룬다(사진 3-1, 2의 각 e). 그리고 중심은 멀
리 도는 것이 아니라 곧장 투구 방향으로 향하기 때문에 내딛는 다리 하
나로 서 있는 듯한 안정된 피니시 자세를 갖출 수 있다.

오른손 투수가 1루 쪽(왼손 투수라면 3루 쪽)으로 피니시 자세가 흘러가
는 경우가 흔히 있는데, 이것은 리딩 암 쪽 어깨의 리드가 너무 강할 때
에 발생하기 쉬운 현상이다.

여기에 비하여 스로잉 암 쪽 어깨를 앞으로 내밀 듯 하여 상체의 회
전이 멀리 돌아서 이루어진다면 리딩 암 쪽 어깨는 등 쪽으로도, 아래
쪽으로도 움직이지 않고 스로잉 암 쪽 어깨만이 움직이며, 그 어깨는
회전을 할수록 내려가기 때문에 피니시에서는 상체가 투구 방향으로 흔
들리고 두 어깨는 스로잉 암 쪽이 아래, 리딩 암 쪽이 위인 위치관계가
만들어진다(사진 3-17). 또 중심은 멀리 돌아 내딛는 다리에서 벗어난 방
향으로 진행되기 때문에 오른손 투수라면 3루 방향으로 중심이 흘러가
며, 멀리 돌수록 공을 던진 이후에 즉시 축각이 착지를 하는 움직임이
발생한다.

피니시 때에 오른손 투수라면 1루 방향으로 중심이 흘러가는 것을
'나쁘다'고 지적하는데, 이 움직임은 리딩 암 쪽 어깨의 리드가 너무 강
할 때에 발생하는 현상이기 때문에 적어도 체간을 충분히 리드하고 있

다는 점에서는 3루 쪽으로 흘러가는 것보다는 효과적인 동작에 가깝다고 말할 수 있다. 만약 1루 쪽으로의 흐름이 적다면 동작의 구조상 효과적인 동작과 거의 다르지 않다.

또 스로잉 암이 체간의 회전에 이끌려 나와야 한다는 것은, 릴리스 포인트를 보다 앞쪽에 만들기 위해 팔꿈치를 앞으로 내밀려 하는 동작은 커다란 잘못이기 때문이다. 지도를 하면서 '앞으로 벗어난다', '팔꿈치를 앞으로 내민다'는 이미지를 가지게 하는 것이 반드시 나쁜 것만은 아니지만, 그 결과 팔이 체간의 움직임에 앞서 앞으로 나가는 동작이 발생한다면 완전한 역효과다.

릴리스 포인트가 앞에 만들어진다는 것은 스로잉 암 쪽 어깨가 투구 방향으로 직선적으로 나아가야 한다는 의미로, 그 어깨가 멀리 돌지 않고 가장 짧은 거리를 지나 앞으로 나가게 하여 실현되는 것이다. 그런데 팔이 체간에 뒤처져 이끌려 나오기를 기다리지 않고 연동의 순서를 추월하여 팔 자체를 앞으로 내밀려 하는 순간, 체간의 움직임은 멈추어 버리고 골반의 회전도, 투구 방향으로의 어깨 이동도 충분히 이루어지지 않는다.

그 이전에 팔이 체간에 의해 끌려 나가지 않는 움직임은 말할 필요도 없이 '팔만으로 던지는' 투구 방법이다. '병진운동'에서 착지를 맞이하여 테이크 백의 '톱'을 준비하고 '회전운동'을 시작하는 순간에 먼저 움직여야 하는 것은 리딩 암 쪽 어깨와 내딛는 다리의 고관절이어야 하는 것이다.

사진 3-17
팔만으로 던지는 피니시

사진 3-18 체간의 회전을 살린 언더스로

ⓐ　ⓑ　ⓒ

사진 3-19 팔만으로 던지는 언더스로

ⓐ　ⓑ　ⓒ　ⓓ

5. 언더스로가 가능한가?

　체간의 움직임을 통해서 스로잉 암을 이끌어내지 못하는 '팔만으로 던지는' 선수는 언더스로로 던지려 해도 아래쪽에서 팔을 내밀 수 없다.

어떤 투구방식이건 팔이 체간에 이끌려 나와 '휘둘려지는' 효과적인 사용 방법이 제대로 갖추어져 있는 선수는 체간의 회전에 팔이 뒤따라 나오는 이른바 '휘어짐'이 발생하는 것에 의해 회전의 원심력이 작용하는 방향으로 공을 쥔 손이 뻗어나가면서 두 어깨를 연결한 라인과 팔꿈치, 손이 직선 위에 늘어선 릴리스가 이루어진다(사진 3–18). 이런 결과가 나오는 이유는 체간 회전의 움직임과 팔이 휘둘려지는 방향이 일치하기 때문이다.

한편 팔이 체간에 이끌려 나오기를 기다리지 않고 팔 자체의 힘만으로 움직이는 '팔만으로 던지는' 선수는 팔이 체간의 움직임보다 빨리 앞으로 나와버리기 때문에 원심력을 이용할 수 없어 충분한 '휘어짐'이 발생하지 않을 뿐 아니라, 팔 자체의 움직임으로 '휘어짐'과 비슷한 '팔꿈치 내밀기' 동작을 실행하게 되어 체간의 움직임과는 관계없이 팔을 휘두르기 때문에 좌우의 어깨를 연결한 라인의 연장선보다 위쪽에서 팔이 나간다(사진 3–19).

오버스로인 경우에는 팔이 위에서 나가기 때문에 체간의 움직임과 팔이 휘둘려지는 움직임이 일치하지 않는 현상을 속일 수도 있지만, 언더스로인 경우에는 체간의 움직임에 의해 팔을 아래로 내리는 움직임부터 시작해야 하기 때문에 체간보다 팔이 먼저 움직이기 시작하는 선수는 체간의 움직임과 팔이 휘둘려지는 움직임의 불일치를 속일 수 없다.

언더스로인 경우 체간의 회전과 팔을 휘두르는 동작이 일치한다면 팔로우 스루follow through는 아래에서 위로 올라가지만 '팔만으로 던지는' 선수는 위에서 아래로밖에 휘둘려지지 않기 때문이다.

1. 릴리스까지의 체간의 움직임 중, 동체의 앞면(복근 쪽)이 수축되지 않고 등 근육 쪽만이 수축된다.

2. 체간 사용 방법의 기본적인 구조로서 가장 중요한 포인트는 스로잉 암을 테이크 백의 '톱'의 위치로 끌어당긴 채, 리딩 암 쪽 어깨를 등 쪽으로 끌어내리는 움직임보다 앞서 체간의 회전동작을 시작하는 것.

3. '팔만으로 던지고' 있는가, 신체를 사용한 투구를 하고 있는가를 구분하는 단순하면서도 가장 큰 포인트는 착지한 이후에 팔을 휘두르기 시작할 때의 움직임이며, '팔만으로 던지는' 선수는 스로잉 암의 팔 자체나 그 어깨를 앞으로 내밀려 하는 움직임부터 보이고, 신체를 사용하여 팔을 휘두르는 선수는 리딩 암 쪽 어깨를 등 쪽으로 끌어내리는 움직임부터 보인다.

4. 테이크 백의 '톱'에서는 스로잉 암 쪽의 흉곽은 열린 상태, 리딩 암 쪽의 흉곽은 오므린 상태가 되고, 거기에서부터 리딩 암 쪽의 흉곽을 여는 움직임에 의해 상체의 회전동작이 시작된다. 그 결과 "스로잉 암은 '톱'의 위치에 남긴 채 리딩 암 쪽 어깨부터 이끌려 나온다"는 동작이 실현된다.

5. 리딩 암 쪽부터의 리드로 팔을 이끌어내는 투구동작에서는 팔을 휘두르는 '지렛대'의 길이가 리딩 암 쪽의 어깨를 지탱점으로 삼기 때문에 길어지면서 원심력을 최대한 살릴 수 있다. 또 스로잉 암 쪽 어깨가 투구 방향을 향하여 직선으로 끌려나오기 때문에 속도와 컨트롤에 모두 유리하게 작용한다.

6. 리딩 암 쪽의 움직임을 멈추고 스로잉 암 자체를 앞으로 내밀 듯 팔을 휘두르는 투구동작에서는 스로잉 암 쪽 어깨를 지탱점으로 삼기 때문에 '지렛대'가 짧아지며, 체간 회전의 움직임과는 관계없이 팔이 휘둘려진다. 또 스로잉 암 쪽 어깨는 반드시 멀리 돌아 투구 방향으로 나아간다.

2. 글러브 쪽 팔을 사용하는 방법
― 리딩 스크롤leading scroll ―

1. 리딩 암의 역할과 그 움직임의 기본 원칙

리딩 암은 무엇 때문에 움직이는 것이며, 어떻게 움직여야 할까.

리딩 암을 효과적으로 사용하는 방법이라고 해도 스로잉 암의 휘둘림에 직접적인 영향을 끼치기는 어렵다. 팔의 휘둘림에 직접적으로 영향을 끼치는 것은 체간의 움직임이기 때문에 리딩 암은 체간을 개입시켜 스로잉 암에 효과적인 움직임을 이끌어내는 역할을 할 뿐이다.

즉 앞에서 설명했듯 '체간의 효과적인 동작을 따른 움직임'이 리딩 암을 효과적으로 사용하는 방법이라는 것이다. 투구동작에서 요구되는 흉곽의 움직임에서 견갑골을 외전시키면 흉곽은 오므라들고 견갑골을 내전內轉(견갑골이 척추 쪽에 가까워지는 움직임)시키면 흉곽은 열린다고 하는, 공동관계를 촉진시키듯 상완골을 움직이는 것이 리딩 암 사용 방법의 기본사항이며 대 원칙이다.

〈사진 3-20〉은 리딩 암을 전혀 사용하지 않고 실행한 투구동작이다.

사진 3-20 리딩 암을 사용하지 않는 투구동작

ⓐ　ⓑ　ⓒ　ⓓ

리딩 암 쪽의 흉곽에 커다란 움직임은 볼 수 없지만 체축이 비스듬히 기울어진 상태에서 체간이 회전, 스로잉 암의 어깨가 멀리 돌아가는 일 없이 투구 방향으로 직선적으로 이끌려 나오고 있다. 그리고 스로잉 암은 두 어깨를 연결한 라인의 연장선 위에 원심력으로 휘둘려져 피니시에서 좌우의 어깨가 완전히 교체된다.

이것은 굳이 리딩 암을 사용하지 않아도, 내딛는 다리의 고관절에서 골반의 회전동작이 올바르게 이루어져 있고 체축을 기울여 스로잉 암을 이끌어낼 수 있다면 효과적으로 팔을 휘두를 수 있다는 사실을 의미한다. 그렇기 때문에 '톱에 있는 팔을 내딛는 다리의 고관절을 축으로 삼은 골반의 회전을 이용해서 휘두른다'는 동작은 투구동작 전체에서 가장 익혀야 할 기본 중의 기본이라고 말할 수 있다.

리딩 암을 사용하지 않아도 효과적인 동작을 이끌어낼 수 있다면 리딩 암이 하는 역할은 무엇일까. 그것은 리딩 암 쪽의 흉곽이나 견갑골에 움직임을 주어 체간의 움직임을 보다 역동적으로, 또 날카롭고 효과적인 것으로 '보강'한다는 데에 있다.

흉곽, 견갑골, 상완골은 기본적으로 같은 목적을 위해 공동으로 움직이며, 서로의 움직임에 영향을 끼친다. 예를 들면, 상완골의 움직임은 견갑골의 움직임을, 견갑골의 움직임은 흉곽의 움직임을 이끌어내는 것이다. 한편 그 움직임이 하나라도 나쁘면 그 영향을 받아 모든 움직임이 나빠진다. 그 때문에 리딩 암을 사용하지 않는 투구동작에서는 흉곽의 움직임이 작아지고, 리딩 암의 움직임을 첨가하면 흉곽이나 견갑골에 역동적인 움직임을 이끌어낼 수 있는 것이다.

견해를 바꾸어 설명한다면, 흉곽이 굳어서 움직임이 나쁘면 견갑골의 움직임이나 팔의 움직임도 나빠지며 리딩 암을 효과적으로 움직일 수 없다. 또 리딩 암 사용 방법이 잘못되어 있으면 공동으로 움직이는 흉곽과 견갑골에도 효과적인 움직임과는 다른 움직임이 발생하여 리딩 암의 움직임은 체간의 움직임에 방해만 된다.

2. 리딩 암 사용 방법에 관한 오해

리딩 암 사용 방법에서 가장 문제가 되는 것은 사용 방법의 해석에 있어서 오해를 하는 경우가 많다는 점이다. 지금까지 리딩 암에 대해서는 움직임의 구조는 물론이고 사용 방법에 대해서도 거의 해명된 것이 없다. 흉곽이나 견갑골의 움직임과의 균형이라는, 표면상으로 확인하기 어려운 작용이 거의 순간적으로 이루어지는 것이니까 무리도 아니다.

사진 3-21 글러브로 열리는 현상을 억제하려는 잘못된 동작

그러나 움직임의 좋고 나쁨은 효과적인 연동을 이끌어내는가, 아니면 연동동작에 방해가 되는가 하는 것처럼 정반대의 효과를 초래하기 때문에 잘못 이해하면 큰 문제를 낳을 수 있다. 실제로 사용 방법을 오해한 상태에서 의식적으로 열심히 연습을 했다가 본래의 실력마저 잃어버리는 경우는 적지 않다. 그런 선수는 리딩 암 사용 방법을 오해하고 있다는 사실을 이해시키고 올바른 사용 방법을 가르쳐주는 것만으로 구속이 상당히 빨라지는 경우도 많이 있다.

사용 방법을 오해하고 있는 전형적인 예로서 '절대로 해서는 안 되는 동작'은 "어깨 열림을 억제하기 위해 글러브를 (오른손 투수라면) 3루 쪽 방향으로 내밀고 착지 직전까지 그 상태를 유지한다"는 것이다(사진 3-21).

본래 이 동작에서 열리지 말아야 하는 것은 팔이 아니라 어깨다. 팔의 움직임을 이용하여 어깨를 열지 않는 방향으로 억제할 수 있는 방법은 팔을 투구 방향으로 내밀어 어깨를 강하게 내선시키는 경우뿐이다

사진 3-22 어깨 열림을 억제하는 팔의 움직임

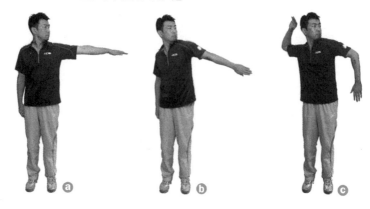

(사진 3-22 b, c). 이런 상태를 어깨에 만들었을 때, 외견상 상완골은 투구 방향으로 뻗어 있는 것처럼 보이더라도 견갑골과의 관계에서는 견갑골의 등 쪽 방향으로 뻗어 있다. 그 이유는 상완골의 내선의 움직임이 견갑골을 외전(척추에서 벗어난 움직임)시키기 때문이다. 이것에 의해 상완골의 골두骨頭(관절은 골두와 관절와關節窩가 맞물려 이루어져 있는데, 골두는 관절을 이루는 뼈의 머리 부분으로 볼록하게 되어있는 부위)는 턱 가까이 돌출되고, 흉곽은 안쪽으로 오므라든다. 즉 앞에서 설명한 리딩 암 쪽의 흉곽이 착지를 맞이할 때에 만들어져야 하는 상태가 만들어지는 것이다. 한편 〈사진 3-21〉과 같은 위치로 리딩 암을 내밀어도 어깨나 흉곽에 열림을 억제하는 움직임은 발생하지 않는다.

또 착지를 맞이하는 타이밍에서는 체간의 회전에 스로잉 암이 끌려나가는 움직임을 이끌어내기 때문에 스로잉 암을 '톱'의 위치에서 등 쪽으로 당겨 붙여둘 필요가 있다. 이런 동작들을 충분히 이루기 위해서도 리딩 암의 어깨 상태는 〈사진 3-22 c〉처럼 되어야 한다.

즉 상완골의 내선상태內旋狀態가 흉곽을 오므리는 움직임을 돕는 것처럼 견갑골을 누르는 움직임에 의해 리딩 암 쪽의 흉곽은 열리지도, 그 이상 오므라들 수도 없는 상태로 고정되기 때문이다. 그 고정이 스로잉 암이 크게 움직여도 상체까지 함께 움직이지 않는 안정상태를 낳고, 스로잉 암을 등 쪽으로 당겨 붙일 수 있도록 만들어주는 것이다.

한편 '열리는' 현상을 억제하기 위해 글러브를 내미는 방법에서는 리딩 암 쪽 어깨에는 아무런 힘도 작용하지 않기 때문에 만약 스로잉 암을 강하게 등 쪽으로 당겨 붙이려 하면 그 힘이 상체에, 얼굴까지 함께 움직여질 정도로 강하게 작용하여 뒤쪽으로 회전하는 '흔들림'을 낳아버린다. 다만 대부분의 경우에는 상체의 '흔들림'을 피하는 것을 우선하기 때문에 스로잉 암을 등 쪽으로 당겨 붙이는 동작은 실행하지 않고 단지 위로 들어올릴 뿐이기 때문에 얕은 '톱'이 만들어진다.

이렇게 되면 리딩 암 쪽의 흉곽의 '오므림'도, 스로잉 암 쪽의 흉곽의 '열림'도 없기 때문에 골반과 상체의 방향의 관계는 같은 방향을 향하여 '벌어짐'이 없는 상태가 되고 상체에 대한 스로잉 암의 '뒤처짐'도 없어서 허리의 회전, 상체의 회전, 팔의 이동이 모두 동시에 움직이게 된다 (사진 3-21).

나아가 가장 효과를 떨어뜨리는 것은 다음 국면이다. 〈사진 3-22 c〉처럼 리딩 암을 내밀면 리딩 암 쪽의 견갑골은 외전하여 흉곽이 오므라들고 체간에는 '벌어짐'의 스트레치 상태가 갖추어진다. 이런 상태가 갖추어지면 견갑골을 등 쪽으로 내전(척추에 가까운 움직임)시키면서 끌어내리는 움직임을 통하여 체간의 회전을, 리딩 암 쪽의 흉곽을 여는 움직임부터 시작할 수 있고, 스로잉 암 쪽의 어깨를 투구 방향으로 직선적으로 이끌어낼 수 있다.

그러나 열림을 억제하듯 글러브를 내미는 방법으로는 견갑골을 내전시키는 움직임을 이끌어내기 어렵고, 회전동작을 리딩 암 쪽의 흉곽을 여는 움직임부터 시작할 수 없다. 이럴 경우 리딩 암 쪽의 어깨는 그 자리에 거의 머물러 있는 상태에서 회전동작이 발생하기 때문에 스로잉 암 쪽의 어깨는 반드시 멀리 돌아 투구 방향으로 나가게 된다. 이런 방법은 열림을 억제할 수도, 회전을 리드할 수도 없고 체간의 움직임에 방해만 될 뿐이다.

'글러브로 열림을 억제한다'는 이미지를 의식적으로 실행했다가 구속을 떨어뜨린 선수는 아마추어뿐 아니라 프로 수준에서도 많이 볼 수 있다. 이것은 '열려서는 안 된다'는 데에 대한 지나친 의식과 '체간의 회전을 이용해서 팔을 이끌어낸다'는 동작 구조에 대한 이해가 부족하기 때문에 발생하는 결과다.

마지막 순간까지 열리지 않는 상태로 '병진운동'을 실행했다면 '회전운동'에서는 단번에 열어 팔을 이끌어내어야 할 필요가 있다. '신체를 사용하여 공을 던지는 것'과 '열리지 않는 것' 중에서 더 중요한 것은 당연히 신체를 사용하여 공을 던지는 것이다. 이런 의미에서는 어느 정도 빨리 열린다고 해도 체간의 회전을 이용해서 팔을 이끌어내는 움직임부터 만들어야 한다. 그 다음에 연동을 보다 효과적으로 하기 위해 최대한 열림을 억제하는 방법을 익히는 것이다. '열리지 않도록' 노력한 결과 '팔만으로 던지는' 모양새가 만들어진다면 아무런 의미가 없다.

3. 리딩 암을 내미는 방법

리딩 암을 내미는 효과적인 방법은 리딩 암 쪽의 견갑골을 외전시켜 흉곽을 오므린 상태를 유지한 채 상완골(팔꿈치)을 투구 방향으로 향하게 하는 것이라고 설명했다

이렇게 움직이면 상완골은 자동으로 내선을 그리는 상태가 되고, 여기에 견갑골의 외전상태와 흉곽의 '오므린' 상태가 보강되어 어깨가 열리는 현상을 억제할 수 있다. 또 체간에 '갈림'이 만들어지며, 그 후의 회전동작에서는 어깨를 등 쪽으로 끌어내려 리딩 암 쪽의 흉곽을 열어가는 움직임부터 실행할 수 있게 된다.

리딩 암을 내미는 방법에 관해서 좀 더 깊이 정리해보자.

내민 팔과 상체의 관계는 마치 릴레이에서 바통을 받을 때와 비슷한 자세다(사진 3-23, 24의 각 a). 이것은 투구 방향에 대해 뒤쪽을 향하여 상체가 기울어진 자세로, 리딩 암은 어깨가 내선을 하면서 투구 방향으로 내밀어져 있다. 팔과 상체의 이런 관계를 기준으로 〈사진 3-23, 24의 각 b, c, d〉처럼 다른 부분을 만들어 나가면 착지를 맞이하는 타이밍에서의 기본적인 상반신 자세가 완성된다.

여기에서 중요한 점은, 리딩 암을 내미는 방법에서의 어깨의 움직임은 '차려' 자세에서 바로 뒤로 팔을 올린 어깨의 신전위伸展位(팔을 뒤로 올

사진 3-23 바통을 받는 자세와 리딩 암의 팔을 내미는 자세의 관계(옆에서)

사진 3-24 바통을 받는 자세와 리딩 암의 팔을 내미는 자세의 관계(정면에서)

리는 것이 어깨의 '신전伸展', 정면으로 올리는 것이 어깨의 '굴곡')가 되어 있다는

것이다. 예를 들어, '차려' 자세에서 바로 뒤로 리딩 암을 올린 자세를

만들어보자(사진 3-25 a). 팔이 등 쪽으로 올라가고 어깨가 신전되면서

견갑골이 어깨 위로 올라가듯 앞으로 기울어지고 상완골두(상완골의 둥근

부분)가 앞쪽으로 튀어나온다. 이어서 어깨에 턱을 붙이듯 바로 뒤쪽 방

향을 바라보고(사진 3-25 b, 이 단계에서는 뒤쪽 방향이 실제로 보이지는 않는

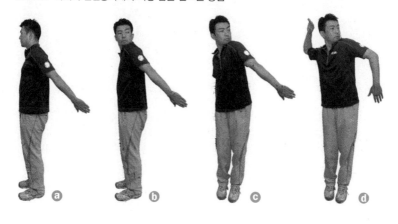

사진 3-25 어깨의 신전동작에서 리딩 암을 만드는 방법

다), 마지막으로 견갑골과 팔의 위치는 그대로 둔 상태에서 신체의 방향을 얼굴이 향하고 있는 방향으로 바꾸어보자(사진 3-25 c). 그 결과는 팔이 뻗어 있는 방향이 투구 방향이라면 두 발의 방향은 투구 방향에 대해 거의 직각으로, 상체의 방향은 투구 방향에 대해 비스듬히 뒤쪽을 향하여 머리가 약간 뒤쪽에 남은 자세가 될 것이다. 이대로 리딩 암의 팔꿈치를 구부리고 스로잉 암을 톱의 위치에 두면(사진 3-25 d) 〈사진 3-23 d〉와 거의 비슷한 자세가 완성된다.

즉 상체의 각도는 리딩 암 쪽의 흉곽이 오므라지는 움직임에 의해 투구 방향에 대해 비스듬히 뒤쪽을 향하고, '오므림'을 낳기 위해 외전하는 견갑골은 등 쪽이 투구 방향으로 향하며, 견갑골의 등 쪽이 향하는 투구 방향으로 상완골이 뻗어 있기 때문에 견갑골과 상완골의 관계에서 보면 '어깨의 신전위' 자세가 만들어지는 것이다. 이 '어깨의 신전위'가 만들어질 수 있도록 리딩 암 쪽의 흉곽, 견갑골, 팔이 공동으로 움직이는 것에 의해 어깨 상완골의 골두가 턱 쪽으로 다가가는 듯한 전방이 돌출된 상태를 만들 수 있고, 어깨가 열리는 현상을 억제할 수 있는 것이다.

또 이 자세는 투구 방향에 대해 옆 방향으로 직립해서 얼굴을 투구 방향으로 향하고 리딩 암을 옆 방향(투구 방향)으로 들어올려(사진 3-22 a) 견갑골이 어깨 위로 올라올 때까지 어깨를 내선시켜서도 만들 수 있다 (사진 3-22 b).

상완골의 골두가 턱에 가까워지고 리딩 암 쪽의 흉곽이 오므라져서 상체의 방향이 투구 방향에 대해 비스듬히 뒤쪽으로 비틀어져 자연스럽게 팔의 높이가 내려가거나, 그대로 내려가지 않으면 상체가 기울어지게 되는 것이다. 팔이 내려가는 것은 어깨가 '신전위' 상태가 되었기 때문이다. '어깨의 신전위' 상태에서는 팔이 수평으로 올라갈 수 있을 정도의 가동 영역은 없고, 수평으로 올리려면 상체를 기울여야 하는 것이다.

이런 점들을 통해서 리딩 암을 내미는 방법에서 중요한 점은 팔의 움직임보다는 어깨의 움직임이라는 사실을 알 수 있다. 팔꿈치가 뻗어 있건 구부러져 있건 어깨를 내선시켜 상완(팔꿈치)을 투구 방향으로 내밀면 어깨가 열리는 현상을 억제하는 작용을 얻을 수 있고, 체간에 '갈림'을 형성할 수 있다. 이처럼 열림을 억제하기 위한 어깨의 자세는 흉곽의 '오므림'을 먼저 만들고 팔을 내밀어도, 팔을 내선시켜 '오므림'을 만들어도 가능하다.

다만 실제 투구동작의 흐름은 먼저 흉곽의 '오므림'을 준비한 이후에

사진 3-26 리딩 암의 어깨 움직임

사진 3-27 리딩 암의 어깨 움직임

팔을 내미는 순서여야 한다. 상체를 투구 방향에 대해 바로 옆으로 향한 직립 자세에서 팔을 먼저 내밀고 그 다음에 흉곽의 '오므림'을 만들게 되면 스텝이 진행되는 도중에 상체에 역회전의 '흔들림'이 발생해버리기 때문이다. 따라서 다리를 올린 이후에 두 팔을 내리기 시작할 때까지의 일련의 움직임 속에서 턱에 리딩 암의 어깨를 붙이고 흉곽의 '오므림'이나 견갑골의 외전상태를 만든(이것이 상체의 '에이밍' 자세) 다음에,

스텝이 진행되는 도중에 그 자세를 그대로 유지한 채 리딩 암을 투구 방향으로 내밀어야 한다(사진 3-26).

물론 이것은 하반신에 의한 '병진운동'이 올바르게 이루어지고 있어야 한다는 전제조건이 갖추어져야 성립되는 것이지만, 이 순서로 리딩 암을 내미는 동작이 실행되면 어깨가 열리는 현상은 억제되며 착지까지 '에이밍'의 각도를 유지하면서 그 상체의 면이 전혀 변하지 않은 상태로 평행이동을 할 수 있다(사진 3-27).

선수에게 리딩 암을 내미는 방법을 지도할 때 세밀한 구조까지 해설해주어야 하는 경우가 있고, 이미지를 설명하는 것만으로 동작을 이끌어낼 수 있는 경우도 있다. 이미지로 전달하는 경우의 '설명'으로 가장 효과가 있었던 것은 '턱을 어깨로 감춘다'는 것이다. "다리를 들어올리면 내릴 때까지 타자를 향하여 어깨로 턱을 감추고 그대로 착지까지 진행한다"(사진 3-27)는 이미지를 가지게 하는 것이다. 이 설명만으로 크게 바뀌는 선수도 있으니까 시도해보자.

4. 체간을 충분히 사용하기 위해

이번 장 첫머리에서 리딩 암의 역할이란 "체간의 움직임을 보다 효과적으로 '보강'하는 것"이라고 설명했다. 바꾸어 말하면 "리딩 암은 체간을 충분히 사용하기 위해 보조 작용을 하는 것"이라는 뜻이다.

그렇다면 '체간을 충분히 사용한다'는 것은 어떤 의미일까. 투구동작에서의 체간의 움직임을 크게 구분하면 회전과 투구 방향으로의 이동이라는 두 가지 동작의 조합이다. 물론 흉곽의 움직임이나 견갑골의 움직임, 등뼈를 구성하는 척추 하나하나의 움직임 등 모든 관절을 충분히 활용하는 것이 '충분히 사용한다'는 의미이지만 단순하게 포착한다면 회전과 투구 방향으로의 이동이 최대한으로 이루어지도록 하는 것이다.

그렇기 때문에 가능하면 깊은 곳에서부터 충분히 회전하고, 가능하면 뒤쪽에서, 가능하면 보다 크게 상체를 이동시키면 체간을 충분히 사용하게 된다. 다시 정리를 하면 "보다 깊이 들어간 자세에서 커다란 이동을 동반한 회전동작"이다. 예를 들어, 유격수가 3루수와 유격수 사이의 깊은 땅볼을 역싱글逆single(글러브를 끼지 않은 손 쪽으로 오는 공을 글러브를 낀 손만으로 잡는 일)로 잡아 1루에 대해 완전히 뒤쪽 방향, 또한 상반신이 앞으로 구부러져 있는 자세에서 신체를 완전히 비틀면서 공을 던지는 경우가 '체간을 충분히 사용한 투구'다.

피칭 동작에서도 마찬가지로, 최대한 투구 방향으로 등을 향하고 최대한 머리를 뒤쪽에 남긴 자세에서 '회전운동'을 시작해야 하는데 충분히 회전이 되면 팔의 가속거리는 최대가 되며 단순한 이론상으로는 훨씬 빠른 공을 던질 수 있다.

그러나 상체를 깊이 넣을수록 충분한 회전을 이루기 어렵고, 충분한 회전을 이룰 수 없다면 상체를 깊이 넣는 것이 오히려 마이너스가 된다.

그래서 중요한 것이 리딩 암의 작용이다. 상체를 보다 깊이 넣은 자세에서 회전동작을 시작하게 하면서 그것을 충분히 회전시킬 수 있도록 하기 위해 리딩 암을 작용시키는 것이다.

5. '에이밍' 깊이의 한도

효과적인 체간의 회전동작을 이끌어내기 위한 리딩 암 사용 방법으로 들어가기 전에 착지를 맞이하는 타이밍에서 '에이밍' 자세의 각도가 어느 정도 깊이라면 좌우의 어깨가 완전히 교체될 수 있을 정도까지 충분히 회전시킬 수 있는지, 반대로 어느 정도 이상이면 충분히 회전시킬 수 없는지 그 기준이 되는 한계점에 대해 생각해보자.

체간의 회전은 골반의 회전과 상체의 회전이라는 두 가지의 움직임에 의해 성립되는 것이기 때문에 보다 깊이 들어간 자세에서 체간을 충분히 돌리기 위한 절대적인 조건은 두 가지의 회전이 동시에 날카롭게 이루어져야 한다는 것이다. 골반의 회전에서는 내딛는 다리가 확실하게 고정되어야 할 필요가 있고, 상체의 회전에서는 스로잉 암 쪽의 어깨가 투구 방향으로 직선적으로 나아가야 할 필요가 있다.

골반의 회전에 대해서는, 상체가 깊이 들어간 자세에서 착지를 맞이할수록 내딛는 다리를 투구 방향으로 향하기 어려워 무릎이 안쪽으로 들어간 착지 자세가 만들어지기 쉽다. 이럴 경우 그 무릎은 착지 후에 체간의 회전에 맞추어 반드시 '벌어지는' 방향으로 움직이기 때문에 내딛는 다리의 고관절 위에서 골반을 날카롭게 회전시키기 위한 지탱점으로서 고정이 되지 않는다. 따라서 상체의 각도를 어느 정도나 깊이 만들어야 하는가 하는 하나의 기준은 '내딛는 다리를 투구 방향으로 향하여 착지할 수 있는 범위까지'가 된다(사진 3-28 a~f).

또 상체의 회전에 대해서는, 피니시에서 (오른손 투수라면) 오른쪽 어깨

사진 3-28 에이밍에서의 상체 각도의 깊이

가 포수를, 왼쪽 어깨가 센터를 가리키도록 좌우의 어깨를 완전히 교체

하려면 상체가 비스듬히 45도 방향(오른손 투수인 경우에는 1루 쪽의 45도 방

향)으로 향해야 하며(사진 3-29, 30), 상체가 향하는 방향은 리딩 암 쪽의

흉곽이 열려 어깨가 끌려 내려가는 방향에 의해 결정된다. 흉곽이 열리

는 가동 영역에는 한계가 있기 때문에 만약 상체를 필요 이상으로 깊이

넣은 자세에서 착지를 맞이하게 되면 상체를 비스듬히 45도 방향으로
진행시킬 수 없고, 스로잉 암의 어깨를 투구 방향으로 직선적으로 이끌
어낼 수도, 피니시에서 좌우의 어깨를 완전히 교체할 수도 없다.

리딩 암의 어깨를 바람직한 방향으로 끌어내리고 상체를 비스듬히
45도 방향으로 향하게 할 수 있는 상체를 넣는 한계는 경험상 리딩 암
쪽의 위팔(팔꿈치)을 투구 방향으로 내밀 수 있는 범위까지다(사진 3-28).

리딩 암 쪽의 흉곽을 오므리고 상완골과 견갑골 사이에 '신전위' 관계
를 만들어 리딩 암을 내밀고 있는데도 불구하고 착지 시점에서 위팔(팔
꿈치)이 3루 방향으로 향한다면 (오른손 투수의 경우) 상체가 지나치게 깊
이 들어갔다는 증거다. 그럴 경우 포수의 눈으로 목표를 계속 바라볼
수 없고, 상체가 너무 깊이 들어간 탓에 반드시 시선이 잠깐 끊어진다.
그렇기 때문에 상체를 넣어 긍정적인 효과를 얻을 수 있는 한계 각도는
포수의 눈으로 목표를 포착할 수 있는 범위까지라고 말할 수 있다(사진

3-28).

　'목표를 계속 바라본다'는 부분을 나는 매우 중시한다. 상체에 만들어지는 '에이밍' 각도는 어깨 너머로 목표를 항상 일정하게 볼 수 있으며, 착지할 때까지 그 상태를 바꾸지 않고 진행하는 것이 '병진운동'의 기준이 되기 때문이다. 시선이 목표에서 벗어나는 원인은 축각의 고관절을 적절하게 사용하지 못하거나 리딩 암을 적절하게 사용하지 못하는 것인데, 선수가 시선을 목표에서 떼지 않도록 신경을 쓰게 하는 것만으로 고관절이나 리딩 암을 적절하게 사용하지 못하여 발생할 수 있는 폐해를 최소한으로 줄일 수 있다.

1→5정리

1. "어깨가 열리는 현상을 억제하자"는 생각에 (오른손 투수라면) 3루 쪽 방향으로 글러브를 내밀고 착지 직전까지 그 상태를 유지하려 하는 방법은 어깨가 열리는 현상을 억제하는 데에도, 체간의 리드로 팔을 휘두르는 데에도 역효과만 불러일으키는 완전한 오해에서 비롯된 동작이다.
2. 리딩 암을 효과적으로 내미는 방법은 어깨를 턱에 붙이는 움직임을 통해서 견갑골의 외전과 흉곽의 '오므림'을 만들어 그 상태를 바꾸지 않고 팔을 투구 방향으로 향하게 하는 것이다. 이 방법은 어깨가 열리는 현상을 억제하는 쪽으로 작용함과 동시에 오므리고 있던 흉곽을 열어가는 움직임보다 먼저 회전동작을 시작하는 움직임을 이끌어낸다.
3. 상체의 '에이밍' 깊이의 한도는 포수의 눈으로 목표를 포착할 수 있는 범위까지다.

6. '리딩 스크롤'에 의한 회전동작의 증강

그렇다면 상체에 충분한 '에이밍' 각도를 만들어 효과적인 체간의 회전동작을 이끌어내기 위해서는 리딩 암을 어떻게 사용해야 할까.

〈사진 3–31~33〉은 체간의 회전과 두 팔의 움직임의 연동관계를 보여주고 있다. 상당히 세밀한 사진이기 때문에 타이밍으로 보면 매우 미묘하고 개인차도 있지만 〈사진 3–31~33〉의 b는 내딛는 다리의 접지 직전, c는 접지, d는 완전 착지, e는 완전 착지 직후라고 생각하자.

각 사진 a~c에서는 상체에 '에이밍' 각도를 만들고 리딩 암의 어깨를 턱에 붙이듯 당긴 자세에서 스로잉 암을 '톱'의 위치로 이행시키면서 리딩 암을 투구 방향으로 내밀고 있다. 이것은 앞에서 설명한 어깨 열림을 억제하고 체간에 '벌어짐'을 만드는 움직임이다.

이때 특히 각 사진 a~c를 보면 두 팔 모두 분명히 움직이고 있는데도 불구하고 리딩 암의 어깨는 전혀 움직이지 않는다는 사실을 알 수 있다. 즉 턱에 붙이듯 전방으로 돌출시킨 그 어깨를 경계로, 움직임이 오른팔 쪽과 왼팔 쪽으로 나뉘고 그 양쪽이 연계(결코 가슴 중앙을 경계로 삼지 말 것)되면서 힘의 균형이 잡혀 있는 것이다. 두 팔 사이에는 활을 크게 당기는 듯한 관계가 완성되어 있다.

만약 스로잉 암의 '톱'을 깊이 만드는 데에만 얽매여 리딩 암의 움직임이 충분히 이루어지지 않으면 리딩 암 쪽의 어깨가 들어가는 듯한 역회전의 움직임이 발생, 자세가 너무 깊이 들어가기 때문에 비틀어 되돌리기 어렵다.

사진 3-31 체간의 움직임과 두 팔의 움직임의 연동 관계(비스듬히 정면)

사진 3-32 체간의 움직임과 두 팔의 움직임의 연동 관계(정면)

사진 3-33 체간의 움직임과 두 팔의 움직임의 연동 관계(비스듬히 옆면)

다음으로, 리딩 암을 감아 빼는 동작인 '리딩 스크롤'에 의해 체간의 회전동작이 시작된다. 각 사진 c~f를 보면 스로잉 암 쪽은 '톱'의 위치에서 등 쪽으로 당겨지고 있음에도 불구하고 리딩 암 쪽에서는 투구 방향으로 내민 팔을 등 쪽으로 끌어내리고 있고(각 사진 d), 이어서 턱에 붙어 있던 어깨도 등 쪽으로 끌어내려져(각 사진 e) 흉곽을 여는 움직임으로 전환되고 있다. 이 움직임에 의해 스로잉 암을 '톱'의 위치에 남겨둔 채 리딩 암 쪽에서 체간의 회전이 시작되고, 그 회전의 움직임에 약간 뒤처지는 형식으로 스로잉 암을 끌어낼 수 있는 것이다.

여기에서 알 수 있는 것은, 리딩 암은 그 뿌리에 해당하는 어깨(견갑골)의 움직임이나 체간(흉곽)의 움직임에 앞서 움직이고 있다는 것이다. 즉 리딩 암의 움직임은 흔히 말하듯 "체간의 회전과 함께 강하게 끌어넣는다"거나 "투구 방향으로 내밀고 멈춘 다음에 체간을 접근시킨다" 등이 아니라 리딩 암의 어깨가 진행해야 할 방향으로 팔꿈치의 위치를 계속 선행시키는 동작인 것이다.

리딩 암이 '먼저 움직인다'는 것은 그 뿌리 부분에 해당하는 어깨가 아직 열리지 않은 상태에서 팔을 먼저 열린 위치로 진행시키고, 그 이후에 견갑골이나 흉곽이 단번에 열릴 수 있는 방향성과 계기를 마련한다는 의미다. 또 팔은 먼저 움직임을 끝내고 움직임의 주역을 견갑골과 흉곽으로 넘겨준다는 뜻이다. 각 사진 d까지는 리딩 암(특히 팔꿈치에서 손목) 자체가 움직이고 있지만, 그 이후에 보이는 리딩 암의 움직임은 견갑골과 흉곽의 움직임에 의해 발생하는 것이다.

각 사진 d 이후의 움직임을 보면 리딩 암의 손의 위치는 거의 움직이

사진 3-34 손의 방향과 견갑골, 흉곽의 연동

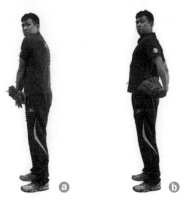

지 않는다. 팔꿈치 방향만 완전히 등 방향으로 향하여 '엘보잉elbowing'과 비슷한 위치까지 움직이고(각 사진 e), 팔꿈치의 위치와 함께 어깨의 위치도 내려가 체축이 기울어지면서 고관절 위에서의 골반의 회전에 의해 몸의 방향이 바뀐다(각 사진 f).

각 사진 d의 시점에서 상완골과 견갑골의 관계는 이미 '어깨의 신전위' 상태에 있기 때문에 견갑골의 움직임이 없으면 팔꿈치를 더 이상 등쪽으로 향할 수 없다. 손은 방향이 바뀌었을 뿐 위치는 거의 바뀌지 않기 때문에 각 사진 d 이후의 움직임은 견갑골과 흉곽의 움직임에 의해 발생하는 것이다.

또 손의 방향 역시 견갑골과 흉곽의 움직임에 의해 바뀐다. 〈사진 3-34〉를 보면 흉곽을 오므려 견갑골이 외전시키면 위팔은 내선하고, 흉곽을 열어 견갑골이 내전하면 위팔은 외선하여 글러브의 방향이 바뀐다.

사진 3-35 리딩 암의 움직임(팔꿈치에서 손목을 움직이는 잘못된 동작)

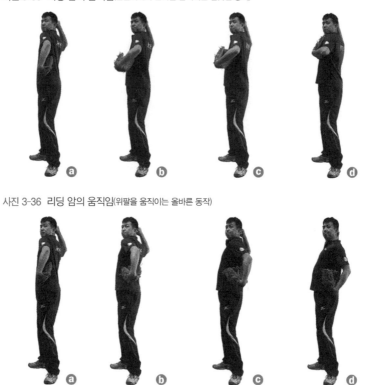

사진 3-36 리딩 암의 움직임(위팔을 움직이는 올바른 동작)

이것들은 매우 중요한 사항이다. 〈사진 3-31~33의 각 d〉이후의 국면은 "리딩 암의 어깨를 등 쪽으로 끌어내리고 흉곽을 열어가는 움직임부터 회전동작을 시작한다"는, 신체를 이용한 투구를 위해 가장 중요한 부분이며 그것이 '리딩 스크롤'의 목적이기 때문이다. 팔꿈치의 방향을 등 쪽으로 향해가는 움직임에 관해서는, 위팔과 견갑골과 흉곽은 공동체이기 때문에 견갑골이나 흉곽을 움직이는 감각이 부족할 경우 팔을 움직인다는 이미지만으로도 실행할 수는 있다. 그러나 팔을 움직인다

사진 3-37 사진 3-35에 골반의 회전동작을 첨가한 경우

사진 3-38 사진 3-36에 골반의 회전동작을 첨가한 경우

고 해도 〈사진 3-35〉처럼 팔꿈치에서 손목까지를 움직여서는 견갑골이
나 흉곽에 아무런 움직임도 유도할 수 없다. 팔의 움직임으로 견갑골이
나 흉곽의 움직임을 충분히 이끌어내려면 위팔을 움직일 필요가 있으며
(사진 3-36), 팔꿈치를 구부리는 각도에 의해 손의 위치가 바뀌면 안 된
다. 각 리딩 암의 움직임에 고관절에서의 골반의 회전동작을 첨가한 것
이 〈사진 3-37, 38〉이다.

리딩 암을 적절하게 사용하지 못하는 선수는 흉곽이나 견갑골이 굳

어 있거나 견갑골 주변의 근력이 약해져 있는 등의 이유에서 흉곽이나 견갑골을 제대로 움직일 수 없기 때문에 위팔도 제대로 움직이지 못하는 경우가 많다. 또 흉곽이나 견갑골을 사용하는 감각 역시 그것들을 사용하기 위한 움직임도 모르기 때문에 글러브를 겨드랑이에 끼듯 접거나 끌어당겨 팔꿈치를 움직이는 방법으로 글러브의 위치를 바꾸려 하기 쉽다.

언뜻 리딩 암을 역동적으로 움직이고 있는 것처럼 생각하기 쉽지만, 사실은 먼저 견갑골이나 흉곽을 움직여 어깨를 움직일 수 있는 계기를 만들어 놓고, 회전동작이 시작되기 전에 견갑골이나 흉곽의 움직임을 충분히 이끌어내기 위해 팔꿈치에서 손목까지는 움직임을 끝내서 팔꿈치의 각도를 고정시켜야 하는 것이다.

이런 점에서 보면 팔꿈치에서 손목의 움직임이 끝난 이후의, 완전 착지에서의 자세(사진 3-31~33의 각 d)가 매우 중요한 포인트라고 말할 수 있다. 거기에서부터 견갑골과 흉곽의 움직임만으로 회전동작을 리드할 수 있도록 자세를 만들어야 하기 때문이다. 그 자세는 완전 착지 타이밍에서 견갑골과 상완골의 관계가 '어깨 신전위' 상태에 놓여 있으면서 가능하면 위팔이 높은 위치에 있도록 하고 손가락(글러브의 끝 부분)의 방향이 옆구리 쪽을 가리키는 지점까지 바꾸는 것이다.

이 자세는 간단히 이해할 수 있다. 견갑골과 흉곽의 움직임만으로 견갑골을 충분히 내전시켜 흉곽이 활짝 열린 자세로 이행하면 되는 것이니까 '엘보잉' 자세에서 팔꿈치의 각도와 상완골과 견갑골의 위치관계를 바꾸지 말고 어깨를 턱 쪽으로 끌어당길 수 있는 자세를 확인하면

사진 3-39 완전 착지 이후의 리딩 암 자세를 확인하는 방법(정면)

사진 3-40 완전 착지 이후의 리딩 암 자세를 확인하는 방법(비스듬히 정면)

된다.

그것이 〈사진 3-39, 40의 각 a, b〉다. 완성된 자세를 보면 글러브의 끝은 옆구리 쪽을 향하고 있다. 처음의 '엘보잉' 자세에서는 상완골이 등 쪽으로 올라가 있기 때문에 '어깨의 신전위'다. 거기에서 어깨를 턱 쪽으로 끌어당기는 것만으로 만들 수 있는 자세인 상완골과 견갑골의 관계도 당연히 '어깨의 신전위'와 관계가 있다.

어깨의 이런 상태는 리딩 암을 내미는 시점에서 어깨가 열리는 현상을 억제하기 위해 필요한 자세였지만 회전동작을 리드하는 것과도 연결된다. 리딩 암을 내미는 방법은 〈사진 3-39, 40의 각 b〉의 자세에서 팔꿈치를 약간 뻗어 글러브를 투구 방향으로 내미는 것이다(사진 3-39, 40의 각 c).

이때 '어깨의 신전위' 관계에서는 위팔을 더 이상 올릴 수 없다. 즉 이것이 위팔의 '최대한의 높이'다. '최대한'이라는 애매한 표현을 하는 이유는 이 높이는 어깨를 완전히 턱 쪽으로 끌어당기고 있는 경우의 높이이며, 충분히 끌어당기지 못하더라도 '엘보잉' 자세로 이행해 가면 올바른 연동을 이끌어내는 방법에는 변함이 없기 때문이다.

그리고 〈사진 3-39, 40의 각 a~c〉로 이행되는 움직임을 c~a의 순서로 반대로 밟아 상체의 회전을 리드, 골반까지 회전시켜 팔을 휘두르는 것이 '리딩 스크롤'이다(사진 3-41). 그 중에서도 b~a로의 움직임이 본질적인 국면이다. 그렇기 때문에 리딩 암의 리드로 체간의 효과적인 회전동작을 이끌어내려면 완전 착지 타이밍에서 리딩 암을 〈사진 3-39, 40의 각 b〉의 자세로 이행시키면 된다(사진 3-42).

만약 이 자세를 만들지 못하는 경우 어떤 폐해가 발생할까. 우선 위팔의 높이인데, 상완골과 견갑골이 '어깨의 신전위' 관계에 있을 때 어깨를 턱 쪽으로 충분히 끌어당기지 못할 경우에는 위팔의 높이가 내려가기는 해도 올라갈 수는 없다고 설명했다. 즉 〈사진 3-39, 40의 각 c〉의 각도보다 위팔이 높이 올라가 있으면 상완골과 견갑골 사이에는 충분한 '어깨의 신전위' 관계가 만들어지지 않았다는 것이다(사진 3-43).

이 상태에서는 회전동작을 시작할 때 어깨(견갑골)를 등 쪽으로 끌어

사진 3-41 리딩 스크롤

사진 3-42 착지 자세

사진 3-43 리딩 스크롤로 이행할 수 없는 경우
(어깨가 신전위 상태가 아니다)

내릴 수 없고, '스크롤(감아 빼는) 동작'으로 이행할 수도 없다. 실제로 리딩 암을 지나치게 높이 올린 탓에 완전 착지 타이밍에서도 충분한 위치까지 내려오지 않아 '스크롤(감아 빼는) 동작'으로의 이행이 회전동작의 시작과 맞아떨어지지 않는 선수는 많이 있다.

〈사진 3-41 a〉와 같은 자세라면 견갑골을 내전시켜 흉곽을 여는 동작으로 리딩 암의 어깨를 등 쪽으로 끌어내리고, 체간을 옆으로 굽혀

사진 3-44 리딩 스크롤로 이행할 수 없는 경우(접지 때의 리딩 암이 높다)

사진 3-45 사진 3-47의 상체의 각도에서 리딩 암을 높이 올린 경우

사진 3-46 사진 3-47의 상체의 각도에서 리딩 암을 적정한 위치에 놓은 경우

스윙 암의 어깨를 투구 방향을 향해 직선적으로 이끌어낼 수 있다. 그러나 〈사진 3-44 a〉처럼 리딩 암을 높이 올린 상태에서 착지를 맞이 하면 스윙 암은 올라가기 어렵다. 또 리딩 암의 어깨를 등 쪽으로 끌 어내리지 못하는 상태에서 회전동작이 시작되어버리기 때문에 스윙 암은 팔꿈치가 낮은 상태에서 어깨가 멀리 돌아 투구 방향으로 향하게 된다. 이렇게 되면 팔을 아래에서 위로 휘두르게 되어 공은 높이 떠올 라버린다.

사진 3-47

사진 3-48 착지 때의 글러브 끝부분의 방향

사진 3-49 두 팔로 'S'자를 만든다

　리딩 암의 높이 문제는 오른손 투수라면 "오른쪽 어깨를 내리면 안 된다", "왼쪽 어깨를 올리면 안 된다", "두 어깨는 수평이어야 한다" 등 투구동작에서 매우 중요한 부분인 상체를 기울이는 움직임도 부정하는 상황까지 연결된다.

　이런 오해가 발생하는 데에는 이유가 있다. 〈사진 3-45, 46〉은 상체를 기울인 〈사진 3-47〉의 자세에서 두 팔의 높이만을 바꾼 것이다. 팔의 높이가 바뀌면 견갑골의 높이와 흉곽의 형태가 바뀌기 때문에 그것만으로 상체의 각도는 완전히 달라진 것처럼 보인다. 〈사진 3-45〉처럼 리딩 암을 높은 위치로 올리면 스로잉 암을 올리기 어려울 뿐 아니라 꽤 심하게 기운 것처럼 보인다. 이것이 "오른쪽 어깨를 내리면 안 된다"고 부정하는 자세다. 이런 자세를 부정하는 이유는 앞에서 설명한 '공이 높이 뜨기' 때문이다.

　한편 〈사진 3-46〉처럼 리딩 암을 내리고 스로잉 암을 '톱'의 위치로 올리면 상체의 각도가 〈사진 3-45〉와 같아도 두 어깨는 거의 수평이 된다. 즉 〈사진 3-47〉처럼 상체를 기울여 스텝을 진행해도 완전 착지 타이밍에서 〈사진 3-46〉의 위치로 두 팔을 이행시키면 두 어깨는 수평까지 되돌아온다.

그 후 '리딩 스크롤'에서 글러브 쪽의 옆구리를 옆으로 굽히면서 회전하는 것에 의해 상체는 앞으로 진행되기 때문에 체간의 움직임을 살린 투구를 하려면 기울기를 미리 만들어두는 것이 바람직하다.

그렇기 때문에 정확하게는 "오른쪽 어깨를 내리면 안 된다"가 아니라 "리딩 암을 너무 올리면 안 된다"가 되어야 하며, 상체를 기울이는 것 자체에는 아무런 문제가 없는 것이다. 상체에 기울기를 만드는 것은 체간의 움직임을 살린 효과적인 투구를 하기 위해 절대로 빼놓을 수 없는 문제다.

다음으로, 글러브의 방향은 리딩 암을 내밀 때에는 앞 팔(팔꿈치에서 손목까지의 부분)을 회내回內. pronation(왼손인 경우에는 시계 방향으로 비틀리는 움직임)시키고 글러브의 끝과 공을 잡는 면이 옆구리 쪽으로 향하는 지점까지 방향을 바꾸어야 한다(사진 3-41 a, 사진 3-48).

글러브가 이 방향으로 이행되지 않으면 견갑골과 흉곽이 움직이지 않고 '스크롤 동작'으로 들어갈 수 없기 때문이다. 〈사진 3-39, 40의 각 b〉와 같은 자세를 리딩 암에 만들고 글러브의 방향만을 끝부분이 투구 방향을 가리키도록 앞 팔을 회내시켜 보자. 견갑골과 흉곽을 등 쪽으로 움직일 수 없을 것이다.

예를 들어, 흉곽이나 견갑골이 굳어 있는 선수는 어깨가 열리는 현상을 억제하기 위해 리딩 암을 내밀 때 위팔을 강하게 내선시킨다는 의식을 가지기 쉽고, 그런 의식은 앞 팔에까지 강한 회내 동작을 일으켜 글러브의 끝이나 공을 잡는 면이 위를 향하는 경우가 있다. 그 자체에는 별 문제가 없지만 팔에 힘이 너무 들어가 공을 잡는 면이 위를 향한 상태가 길게 이어지면 '스크롤 동작'으로의 이행이 어려워지는 것이다.

본래 위팔이 내선을 하더라도 앞 팔은 자유로워야 하며, 글러브의 방향은 여러 형태가 나올 수 있다. 그렇기 때문에 리딩 암을 적절하게 움직일 수 없는 선수일수록 '어떻게 내밀 것인가'라거나 '어떻게 감아 뺄 것인가' 등의 세밀한 부분은 제외하더라도 〈사진 3-41 a〉나 〈사진 3-48〉처럼 어깨는 턱에 붙여도 글러브의 끝이 옆구리를 가리키는 자세를 확실하게 갖추어야 한다.

초보자를 지도하는 경우나 몸을 자유롭게 움직일 수 없는 선수를 지도하는 경우, 그리고 이미지로 전달하는 쪽이 더 효과가 있다고 판단되는 경우에는 스로잉 암의 '톱'의 위치와 리딩 암의 이 자세를 착지 타이밍에서 동시에 만드는 방법을 이해하기 쉽게 가르치기 위해 "착지 때에 두 팔로 S자 모양을 만든다"고 설명하는 경우도 있다(사진 3-49).

또 〈사진 3-41 a〉와 〈사진 3-48〉의 자세를 만들게 해도 결국은 흉곽과 견갑골이 제대로 움직이지 않아 효과적인 '스크롤 동작'이 발생하지 않는다면 착지 때에 리딩 암을 '엘보잉'의 위치로 가져오도록 신경 쓰게 하는 것도 하나의 방법이다. 흉곽이나 견갑골의 움직임이 원인으로 작용하여 그 자세로 이행하지 못하는 것이라면 팔을 움직이는 이미지를 이용하여 그 자세를 만드는 것이다. 리딩 암이 이 위치까지 오면 흉곽을 열기 위한 '스크롤 동작'의 역할은 거의 끝난다. 남은 것은 고관절 위에서의 골반 회전에 의해 신체의 방향이 바뀌는 것뿐이다. 그러니까 리딩 암의 움직임에 있어서는 최종적으로 이 '엘보잉'의 위치로 이행하는 것이 중요하다.

이처럼 처음부터 '엘보잉'의 위치를 목표로 삼도록 하는 경우에는, 착지할 때까지는 열리는 현상을 억제하기 위해 어깨를 턱에 붙인 채 '엘보잉' 자세에 신경 쓰게 한다.

6 정리

1. '리딩 스크롤'은 리딩 암의 어깨가 진행해야 할 방향으로 팔꿈치의 위치를 계속 선행시키는 동작이다. 그 뿌리에 해당하는 어깨가 아직 열리지 않은 상황에서 팔을 먼저 열린 위치로 진행시키고, 그 이후에 견갑골이나 흉곽에 단번에 열리기 위한 방향성과 계기를 만들어주는 동작이다.
2. '리딩 스크롤'은 대부분 견갑골과 흉곽의 움직임으로 이루어진다. 그 때문에 팔꿈치에서 손목까지는 회전동작이 시작되기 전에 움직임을 끝내야 하고, 글러브의 위치는 거의 고정되어야 한다. 팔꿈치를 꺾는 동작에서 글러브가 크게 움직여서는 견갑골이나 흉곽의 움직임을 충분히 이끌어낼 수 없다.
3. '리딩 스크롤'의 포인트는 완전 착지 타이밍에서 글러브의 끝이 옆구리를 가리키는 상태로까지 이행시켜야 한다는 것이다.
4. 리딩 암을 너무 높이 올린 탓에 완전 착지 타이밍에서도 충분한 위치까지 내려오지 않으면 '스크롤 동작'으로의 이행이 회전이 시작되는 시점과 맞지 않아 공은 높이 떠오른다.
5. 완전 착지 타이밍에서 글러브를 쥔 손이 아직도 회내하고 있으면 견갑골과 흉곽을 움직일 수 없기 때문에 '스크롤 동작'을 실행할 수 없다.

7. 스로잉 암에 대한 '리딩 스크롤'의 선행先行

지금까지의 설명을 통해서 리딩 암은 견갑골의 움직임이나 흉곽의 움직임에 앞서 움직인다는 사실을 이해했을 것이다. 그렇다면 스로잉 암의 움직임보다 어느 정도나 앞서 움직여야 하는 것일까.

〈사진 3−50〉을 보자. 팔의 움직임을 끝내고(사진 b) 흉곽을 한껏 열어(사진 c) 어깨를 끌어내리는 동작을 완료한(사진 d) 이후에도 리딩 암의 위치는 변하지 않는다. 즉 팔을 휘두르기(팔꿈치가 뻗기 시작하기) 전에 리딩 암의 움직임은 피니시 때의 위치까지 끝나 있는 것이다. 감각적으로는 스로잉 암을 '톱'의 위치에 남겨둔 상태에서 리딩 암은 피니시의 위치까지 움직임이 끝난다고 표현할 수 있다. 이것이 흔히 말하는 '팔이 뒤따라 나온다'는 동작이다.

이 일련의 동작을 보면 등 쪽의 근육을 꽤 움직이고 있다는 사실을 알 수 있다. 스로잉 암을 '톱'의 위치에 남겨둔 채 리딩 암 쪽의 흉곽을 한껏 열어버리는 것이니까 당연하다. "등을 사용해서 던진다", "속구 투수는 등 근육이 강하다"는 말이 나오는 것은 이 때문이다. 그 중에서도 특히 중요한 역할을 담당하고 있는 것이 리딩 암 쪽의 어깨를 등 쪽으로 끌어내리기 위해 움직이는 광배근 하부와 옆구리의 근육이다.

그리고 그 부분을 충분히 움직이기 위해서도 착지 타이밍에서 흉곽의 '오므림'이나 어깨 끝을 턱에 붙이는 동작을 통하여 그 근육들을 스트레치 상태로 만들면서 리딩 암을 내밀어야 한다.

8. '리딩 스크롤'에 의한 회전의 지탱점 형성

리딩 암의 움직임은 팔을 휘두르기 전에 끝나야 하며, 그 위치가 바뀌어서는 안 된다는 데에는 체간의 회전을 리드하는 것 이외에 또 다른 중요한 의미가 있다. 〈사진 3-50 d~f〉를 보면 리딩 암 쪽의 어깨 위치가 움직이지 않는다는 사실을 알 수 있는데, 이것은 그 어깨가 상체 회전의 지탱점이 되어 있다는 사실을 의미한다.

리딩 암의 어깨를 끌어내리고 체간을 옆으로 굽혀 스로잉 암의 어깨가 투구 방향을 향해 직선으로 진행하기 위한 길을 열었다면, 리딩 암의 어깨를 지탱점으로 삼아 그 지탱점을 추월하듯 스로잉 암의 어깨가 앞으로 나온다. 이 동작에 의해 릴리스 포인트에서 흔히 이야기하는 '앞에서 공을 놓는다'는 것이 실현된다.

리딩 암 쪽의 어깨가 지탱점이 되기 위해 중요한 점은 팔꿈치의 위치가 완전히 아래를 향하여 내려가 팔이 몸 쪽으로 붙는 것이다(사진 3-50 d). '스크롤 동작'에서 리딩 암이 이 위치로 이행되었을 때, 어깨의 앞면은 강하게 늘어나고 앞 팔은 거의 투구 방향을 향한 상태가 되어 자동적으로 아래쪽에서 앞으로 올라가려 하는 움직임이 발생한다. 그 움직임은 스로잉 암 쪽의 어깨를 앞으로 진행시켜 팔을 휘두르는 움직임과 정반대의 방향성을 가지며, 축이 안정되어 있는 회전동작과 날카롭게 팔을 휘두르는 동작을 돕는다(상체 회전의 지탱점은 리딩 암의 어깨이며, 골반 회전의 지탱점은 내딛는 다리의 고관절이고, 그 두 지탱점을 연결한 라인이 회전축이 된다).

사진 3-50 리딩 암의 움직임

예를 들어 설명하면, 축구공을 찰 때 공을 차는 다리와 대각선 방향
에 위치한 팔에서 볼 수 있는 움직임과 비슷한 관계다. 그런 움직임이
작용한 결과가 〈사진 3-50〉의 피니시다. 안정된 회전축을 중심으로 좌
우의 어깨가 말끔하게 교체되고 두 팔이 자연스럽게 교차하면서 팔이
균형 있게 휘둘려지고 있다.

〈사진 3-50〉처럼 리딩 암의 위치가 몸 쪽에 멈추어 있는 이유는 그
이상으로 체간을 돌릴 필요가 없기 때문이다. 투수의 글러브가 몸 쪽에
서 접혀 멈추어 있는 이유는 그 때문이다. 내야수의 스로잉 동작이나
포수가 투수에게 공을 던지는 동작 등 체간을 그다지 강하게 돌리지 않

사진 3-51 체간을 충분히 돌리지 못했을 때의 글러브의 움직임

사진 3-52 글러브 쪽의 팔을 잘못 끌어당긴 동작

는 경우에는 글러브나 미트가 자연스럽게 아래쪽에서 가슴이나 얼굴 앞
으로 올라온다(사진 3-51).

　이런 점에서 생각하면 회전을 강화하기 위해 흔히 말하는 "글러브 쪽
의 팔을 회전할 때에 등 쪽으로 강하게 끌어당긴다"는 동작(사진 3-52)은

사진 3-53 **리딩 스크롤의 타입**(투수에게서 볼 수 있는 타입)

사진 3-54 **투수에게서 볼 수 있는 타입**

사진 3-55 투수에게서 볼 수 있는 타입

사진 3-56 내야수, 포수에게서 볼 수 있는 타입

잘못된 것이라는 사실을 알 수 있을 것이다. 회전과 동시에 뒤로 끌어당겨서는 상체 회전의 지탱점이 어디인지 정해지지 않아 팔을 날카롭게 휘두를 수도, 앞쪽에 릴리스 포인트를 만들 수도 없다.

다만 효과적인 사용 방법을 실행하고 있는 경우에도 피니시에서 글러브가 뒤쪽으로 튀어 오르는 듯한 움직임을 보이는 선수가 있다. 그것은 리딩 암이 지탱점으로서의 역할을 완수한 뒤에 강한 회전의 여력을 받아 발생하는 움직임이다.

9. '리딩 스크롤'의 타입

지금까지 '리딩 스크롤' 동작에 관하여 고정된 한 가지의 움직임을 만들어야 하는 것처럼 이야기를 진행해 왔다. 그러나 실제로는 그 움직임에 한계가 없으며, 이해하기 쉽도록 분류하면 크게 4가지 타입으로 나눌 수 있다. 〈사진 3-53~55〉는 투수에게서 흔히 볼 수 있는 동작이고, 〈사진 3-56〉은 내야수나 포수의 스로잉에서 흔히 볼 수 있는 동작이다.

어떤 동작이 효과적인가 하는 점에서는 기본적으로 비슷하다. 선수에 따라 실행하기 편하다는 점이 다를 뿐 효과적인 측면에서는 마찬가지다. '리딩 스크롤'에서 중요한 것은 고관절을 사용하는 방법, 즉 상완골과 견갑골이 어떤 관계로 움직이는가 하는 것이며 〈사진 3-53~55〉는 모두 팔꿈치를 굽히고 있는가, 뻗고 있는가 하는 팔꿈치의 각도 차이가 있을 뿐 기본적으로는 모두 같은 동작이다.

7→9정리

1. 리딩 암은 팔을 휘두르기(팔꿈치가 뻗기 시작하기) 전에 이미 피니시 때의 위치까지 움직임을 끝내야 하고, 팔을 휘두를 때에는 리딩 암의 어깨가 상체 회전의 지탱점이 되어야 한다.

2. 리딩 암 쪽 어깨가 회전의 지탱점이 되어야 축이 안정된 회전동작과 팔을 날카롭게 휘두르는 동작, 그 후의 볼 릴리스가 실현된다.

3. '리딩 스크롤'에서 중요한 것은 관절을 사용하는 방법이며, 어깨의 움직임이 제대로 갖추어져 있으면 팔꿈치가 구부러진 상태에서 움직이건 뻗은 상태에서 움직이건 효과는 변하지 않는다.

팔 움직임의
메커니즘

제 4 장

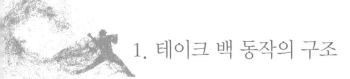

1. 테이크 백 동작의 구조

1. '톱' 위치의 중요성

내가 투구동작을 기본부터 지도하는 경우에 처음으로 접근하는 포인트는 앞에서 설명한 고관절에서의 골반 회전동작과 이제부터 소개할 '테이크 백에서의 톱의 위치'다. 다리를 들어올리는 것부터 시작되는 투구동작 전체 중에서 '공을 던진다'는 본질적인 부분은 '톱'의 위치에 있는 팔이 체간의 회전에 의해 '휘둘려'지면서 공이 뿌려지는 국면이다. 따라서 '톱'이 올바른 위치에 있지 않으면 팔은 체간의 회전에 올바르게 '휘둘려'질 수 없다.

〈사진 4-1〉을 보자. 착지 후 체간의 회전에 의해 팔이 투구 방향으로 이끌려 나갈 때 공을 쥔 손은 일단 머리 뒤에 남겨진 상태에서 팔꿈치 바로 뒤(센터 방향)를 통과하여 이른바 팔의 '휘어짐'을 낳고, 원심력에 의해 두 어깨와 팔꿈치를 연결한 라인의 연장선 위로 나간다. 이것이 '톱'의 위치에 있는 팔이 체간의 회전에 의해 '휘둘려지는' 움직임이다.

사진 4-1 체간의 회전과 팔의 휘둘림의 연동

사진 4-2 올바른 톱의 위치를
확인하는 방법

사진 4-3 팔꿈치의 높이와 어깨의 외선 가동 영역의 관계

　팔이 '휘둘려진다'는 것은 팔을 휘두를 때 원심력을 남김없이 이용하는 것인데, 원심력을 이용하려면 공을 쥔 손이 일단 머리 뒤에 남겨지는 움직임이나 그 위치에서 팔꿈치 바로 뒤를 통과하는 이른바 '휘어짐'이라고 불리는 포지션을 경유해야 할 필요가 있고, 그 움직임을 이끌어내리려면 착지를 맞이하는 타이밍에서 올바른 '톱'의 위치로 팔이 이행되어야 한다.

　테이크 백에서 올바른 '톱'이 만들어지지 않는 선수에게 테이크 백의 방법을 지도하는 경우에는 우선 '톱'의 위치를 가르쳐야 하며, 그 위치에서 체간의 회전에 팔이 '휘둘려지는', 다시 말해 올바르게 팔을 휘두르는 감각을 익히게 해야 한다. 그 이유는 올바른 '톱'을 만들지 못하는 선수는 당연히 올바른 '톱'의 위치에서 공을 던져본 경험이 없기 때문에 테이크 백 동작의 목표가 되는 '톱'의 위치도, 체간 회전과의 연동에 의해 팔이 '휘둘려지는' 감각도 모르기 때문이다. 올바른 '톱'의 위치에서 체간 회전과의 연동작용으로 팔을 휘두르는 방법을 경험하고 그 감각을 기억하게 되면, 그 사용 방법을 활용하기 위한 준비로서 자연스럽게 '톱'까지 만들 수 있게 되는 경우가 꽤 있다.

바꾸어 말하면, 팔 자체로 팔을 휘두르는 듯한 '팔만으로 던지기'는 그 팔을 휘두르는 방법에 맞는 테이크 백을 만들게 되는데 그것이 올바른 '톱'을 만들지 못하는 커다란 원인으로 작용한다. 체간의 회전과 관계없이 팔을 휘두르는 선수의 입장에서 볼 때 그 팔을 휘두르는 방법에 올바른 '톱'의 위치는 필요하지 않다. 그렇기 때문에 그 위치로는 올릴 수 없고, 설사 올릴 수 있다고 해도 자신의 감각과는 다르기 때문에 팔을 휘두르기 어려운 것이다.

따라서 우선 필요한 '톱'의 위치를 가르쳐주고, 그 위치에 있는 팔이 내딛는 다리의 고관절을 축으로 삼은 골반(체간)의 회전에 의해 '휘둘려진다'는 새로운 감각을 기억하게 해야 한다. 그 다음에, 테이크 백을 첨가했는데 도저히 충분한 '톱'의 위치를 만들 수 없을 경우에 비로소 테이크 백 동작을 개선해야 한다.

그렇다면 올바른 '톱'의 위치는 구체적으로 어디일까. 〈사진 4-2〉에 그 위치를 구체적으로 제시하는 방법을 소개했다. 후두부에서 두 손의 가운뎃손가락과 집게손가락을 대고 견갑골(팔꿈치)을 등 쪽으로 끌어당겨 그대로 공을 쥔 위치가 올바른 '톱'의 위치다.

다만 '톱'의 위치는 한 가지 형태만이 옳다고 말하기는 어렵다. 앞 팔의 방향, 각도 등에는 개인차가 있기 때문이다. 또 '톱'이라고 해도 정지해 있는 것이 아니기 때문에 그 위치가 착지를 맞이하기 바로 전인가, 아니면 완전히 착지를 해서 회전동작을 시작하기 직전인가 하는 타이밍의 차이에 따라서도 달라진다.

이 책에서는 어디까지나 '투구동작 습득'을 염두에 두고 있기 때문에 '톱'의 위치는 그 후의, 효과적으로 팔을 휘두를 수 있기 위해 체간의 회전이 발생할 때에 '공을 쥔 손이 일단 머리 뒤쪽에 남아 있어야 한다'는 움직임(사진 4-1)에 가장 연결되기 쉽다고 여겨지는 완전히 착지한 타이밍을 가정한 위치를 기준으로 삼는다.

2. 팔꿈치 높이의 조건

팔꿈치 높이에 관해서는 투구 동작의 매우 중요한 포인트로서 '팔꿈치가 낮다'거나 '팔꿈치를 더 높인다'는 의미의 말을 흔히 들을 수 있다. '팔꿈치를 높인다'고 해서 팔꿈치를 보다 높이 올려 그 위치에서 휘두른다는 뜻은 아니다. 체간의 회전에 의해 발생한 원심력을 팔을 휘두를 때에 이용하기 위해 그 회전이 시작되기 이전의 착지를 맞이하는 타이밍에 맞추어 팔을 필요한 '톱'의 위치로 올려둔다는 뜻이다. 그 높이는 흔히 '두 어깨를 연결한 라인의 연장선상'이라고 하며 이 책에서도 편

의상 그렇게 설명하고 있지만, 엄밀하게는 그보다 약간 더 높은 위치가 된다.

왜 그 높이가 필요할까. 여기에는 역학적인 관점과 해부학적인 관점에 근거한 이유가 있는데 각각의 다양한 조건을 충족시키는 것이 이 높이이기 때문이다.

우선 역학적인 이유인데, 체간 회전의 움직임을 팔을 휘두르는 데에 최대한으로 전달하려면 체간의 회전축과 어깨부터 팔꿈치까지의 위팔이 직각으로 교차해야 한다. 이 직각 교차에 의해, 체간의 회전에 의해 이끌려 나오는 팔꿈치의 투구 방향으로의 이동속도는 최대가 된다. 그리고 팔꿈치의 급격한 이동에 의해 공을 쥔 손은 일단 머리 뒤에 남겨진 상태에서 팔꿈치 뒤쪽으로 이동하면서 '휘어짐'이 발생하고, 원심력에 의해 뒤쪽에서 바깥 방향으로 팔꿈치부터 손끝까지의 앞 팔이 휘둘려지는 것이다. 이것이 '톱'에서의 팔꿈치의 높이가 '두 어깨를 연결한 라인의 연장선상' 위에 있어야 하는 이유다.

또 체간 회전의 움직임에 의해 팔꿈치(위팔)가 그대로 투구 방향으로 이끌려 나오려면 그 팔꿈치의 높이에서 견갑골과 상완골이 등 쪽으로 끌어당겨져 체간과 위팔이 일체화되어야 한다는 점도 중요하다.

다음으로는 해부학적인 이유인데, 팔에 '휘어짐'을 만들기 위한 어깨의 외선가동 영역은 팔꿈치 높이가 낮은 위치에 있을수록 작아진다(사진 4-3 a). 어깨 높이로도 불충분하며(사진 4-3 b), 어깨보다 약간 높은 위치가 되어야 견갑골의 후경後傾(뒤로 기울어짐)도 도움을 주어서 최대의 외선가동 영역을 얻을 수 있다(사진 4-3 c).

공을 쥔 손이 머리 뒤쪽에서 팔꿈치 바로 뒤 부근을 통과해야 비로소 앞 팔이 바깥 방향으로 휘둘려질 수 있기 때문에 팔의 휘둘림에 원심력을 이용하려면 팔이 충분히 '휘어질' 만큼의 커다란 외선가동 영역을 얻어야 한다. 그 때문에 '톱'에서의 팔꿈치의 높이는 두 어깨를 연결한 라인의 연장선상보다 약간 더 높은 위치여야 한다는 것이다.

다만 〈사진 4-1, 2〉의 '톱'을 오른쪽 어깨의 높이와 비교하면 약간 높은 듯하지만 왼쪽 어깨부터의 라인으로 보면 '일직선'이라고 말할 수 있는 위치이기 때문에 크게 포착하면 '두 어깨를 연결한 라인의 연장선상'이며, 부분적으로 포착하면 최대의 외선 각도를 얻을 수 있을 만큼 약간 더 높은 위치가 되는 것이다.

만약 팔꿈치가 충분히 올라가지 않고 낮은 위치인 상태에서 체간의 회전이 시작되면 팔에는 충분한 '휘어짐'이 발생하지 않기 때문에 원심력을 최대한으로 이용하여 팔을 휘두를 수 없다. 그리고 팔꿈치의 위치가 낮을수록 공을 쥔 손은 팔꿈치의 이동에 그다지 뒤처지지 않고 빨리 앞으로 나가기 때문에 '밀어내는 듯한 투구방식'이라고 표현하는 것처럼 팔을 휘두르게 된다. 이 경우 '휘어짐'이 적다는 것과 손이 빨리 앞으로 나가 볼 릴리스가 빨라진다는 두 가지 측면에서 볼 릴리스까지의 공의 가속거리가 짧아지며, 빠른 공을 던지는 데에는 불리한 동작이 된다.

또 팔꿈치가 충분히 올라간 위치에서 끌려나오는 팔이 충분히 '휘어지고' 투구 방향을 향한 어깨의 직선 이동에 뒤처져 나갈수록 공이 휘둘려지는 궤적 역시 보다 수평에 가까운 투구 방향으로 향하기 때문에 컨트롤이 안정된다. 그러나 팔꿈치가 낮은 위치에서 손이 빨리 나가면 릴

사진 4-4 **팔꿈치가 낮은 경우에 팔이 이끌려 나오는 방식(정면)**

사진 4-5 **팔꿈치가 낮은 경우에 팔이 이끌려 나오는 방식(뒷면)**

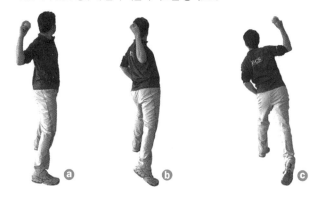

리스까지의 팔 전체의 궤적은 비스듬히 위쪽을 향하게 되며, 그것을 억제하듯 던지는 결과를 낳기도 하기 때문에 공이 높게 뜨거나 손가락에 걸어 늘어뜨리는 결과가 나오면서 컨트롤이 불안정해진다.

　팔꿈치의 위치가 낮은 경우에 팔이 이끌려 나오는 방식을 제시한 것이 〈사진 4-4, 5〉다. 거기에 비하여 〈사진 4-6, 7〉은 팔꿈치의 위치가 충분히 올라가 있는 경우다. '톱'에서의 팔꿈치의 위치가 어깨의 외선가

사진 4-6 팔꿈치가 올라가 있는 경우에 팔이 이끌려 나오는 방식(정면)

사진 4-7 팔꿈치가 올라가 있는 경우에 팔이 이끌려 나오는 방식(뒷면)

동 영역을 충분히 얻을 수 있는 높이에 올라가 있는가, 그렇지 않은가
에 따라 공을 쥔 손이 머리 뒤에 남겨진 상태에서 나오는가(사진 4-6, 7),
빨리 앞으로 나오는가(사진 4-4, 5) 하는 결과가 달라진다.

　팔꿈치의 위치가 낮은 경우에 어깨나 팔꿈치에 통증이 발생하기 쉬
운 이유는, 어깨의 경우 팔꿈치의 위치가 충분히 올라가 있으면 상완골
이 항상 견갑골과 일체가 되어 움직이는 데에 비하여, 팔꿈치의 위치가

낮으면 견갑골과 상완골 사이(견갑—상완관절: 일반적으로 말하는 '어깨 관절')에 여유가 생기기 때문이다.

팔꿈치가 충분히 올라가 있으면 어깨 관절이 별로 움직이지 않는 상태에서 팔이 휘둘려지고, 팔꿈치가 낮으면 팔을 휘두를 때에 어깨 관절이 많이 움직인다. '톱'에서 팔을 등 쪽으로 끌어당기는 것은 상완골, 견갑골, 체간 모두에 이 '여유'를 없애고 일체화시켜 체간의 움직임을 이용해서 팔을 휘두르기 위한 것인데, '팔만으로 던지는' 선수는 어깨 관절을 많이 움직여 던지기 때문에 어깨에 통증을 느끼기 쉽다.

또 팔꿈치의 경우, 팔꿈치의 위치가 올라가 있으면 어깨가 충분히 외선하여 돌아가는 데에 비하여, 팔꿈치가 낮으면 어깨의 외선가동 영역이 좁아지기 때문에 체간이 회전할 때 팔의 '휘어짐'에 의해 발생하는 팔꿈치의 스트레스를 팔꿈치 안쪽 부분이 그대로 받게 되기 때문이다.

3. 팔꿈치와 손의 위치관계와 그 조건

테이크 백의 움직임에 관해서 흔히 '팔꿈치부터 끌어올린다'고 한다. 하지만 팔꿈치를 선행시켜 끌어올렸는데 착지를 맞이하는 타이밍에서도 아직 손이 팔꿈치보다 낮은 위치에 있어서는 설사 팔꿈치가 충분한 높이로 올라가 있었다고 해도 문제가 발생한다.

착지 후 체간이 회전할 때 팔꿈치의 이동에도 손이 남겨지는 어깨의 외선작용을 얻으려면 착지를 맞이하는 타이밍에서 손은 최소한 팔꿈치

사진 4-8 손이 팔꿈치보다 높은 경우

사진 4-9 손이 팔꿈치보다 낮은 경우

높이를 추월해야 한다(사진 4-8, 완전 착지에서는 사진 4-8 c의 위치 근처). 이것은 팔꿈치를 어깨 높이에서 구부려 팔의 힘을 빼고 손의 위치를 팔꿈치보다 높은 위치와 낮은 위치에 두고 각각의 자세에서 상체를 급격하게 돌려보면 알 수 있다. 아마 손이 팔꿈치보다 높은 위치에 있을 때에만 외선 작용이 발생할 것이다.

손이 팔꿈치보다 낮은 위치에서 착지를 맞이하면 체간의 회전에 의해 손이 남겨지는 작용이 타이밍에 맞게 이루어지지 않기 때문에 충분한 '휘어짐'을 만들 수 없다. 나아가 볼 릴리스 전까지 손을 팔꿈치보다 높은 위치로 서둘러 올려서 팔을 휘둘러야 하기 때문에 앞서 올라가 있던 팔꿈치를 손과 교체하여 내리고 손의 위치를 올리는 시간을 단축, 릴리스 타이밍에 맞추어야 하기 때문에 서둘러 팔꿈치를 높이 끌어올려도 결국 팔꿈치는 낮은 위치에서 휘둘려 나오게 된다(사진 4-9).

이 문제는 엄밀하게 말해서 착지 타이밍에서의 팔꿈치와 손의 위치 관계라기보다는 체간의 회전이 시작되는 타이밍에서의 팔꿈치와 손의 위치관계에 관한 것이다. 체간이 빨리 돌아가는 선수는 그만큼 테이크 백을 실행할 시간적 여유가 줄어든다. 허리가 빨리 열리는 선수나, 상체가 진입하는 선수의 팔꿈치가 내려가기 쉬운 이유는 이 때문이다.

1. 테이크 백에서 올바른 '톱'을 만들지 못하는 선수에게 그 방법을 지도하는 경우 우선 올바른 '톱'의 위치부터 가르쳐야 한다. 그리고 그 위치에서 체간의 회전에 의해 팔이 '휘둘려지는', 다시 말해 팔을 올바르게 휘두르는 감각을 기억하도록 해야 한다.

2. 착지를 맞이하는 타이밍(회전 시작 이전)에서 팔꿈치는 어깨보다 약간 높은 위치에서 등 쪽으로 끌어당겨져 있어야 하며, 공을 쥔 손은 최소한 그 팔꿈치 높이를 추월해야 한다.

3. '톱'에서의 팔꿈치의 위치가 낮을 경우에 어깨에 통증을 느끼기 쉬운 이유는 견갑–상완관절(어깨 관절)에 '여유'가 생기기 때문이며, 팔꿈치에 통증을 느끼기 쉬운 이유는 어깨의 외선가동 영역이 좁아져 '휘어짐' 현상이 발생할 때 팔꿈치 안쪽 부분에 미치는 스트레스를 그대로 받기 때문이다.

4. 착지를 맞이하는 타이밍에서 손이 아직 팔꿈치보다 낮은 위치에 있어서는 아무리 팔꿈치가 올라가 있었다 해도 팔꿈치는 내려간 상태로 나오게 된다.

4. "등 쪽으로 넣으면 안 된다"의 오해

테이크 백의 실행 방법에 관해서 〈사진 4–10〉처럼 "등 쪽으로 넣으면 안 된다"는 말이 있는데 이것은 오해를 불러일으키기 쉬운 표현이다.

"등 쪽으로 넣으면 안 된다"는 말의 올바른 의미를 이해하지 않고 마치 야구계의 상식인 것처럼 무조건 '등 쪽으로 넣으면 안 되는 것'으로 받아들여서는 안 된다.

예를 들어, 〈사진 4–11〉에서 제시하듯 견갑골이 확실하게 등 쪽으로 당겨져 있고 체간과 팔이 일체화되어 있는 올바른 '톱'까지도 '등 쪽으로

사진 4-10 등 쪽으로 넣은 테이크 백

사진 4-11
(좋은 예)

사진 4-12
(사진 4-11을 잘못 지시하여 교정시킨 예)

사진 4-13 체간과 연동한 팔의 움직임

사진 4-14 팔만으로 던지기

넣으면 안 된다'는 말을 적용시키면 계속 신체 바로 옆의 라인보다 앞쪽을 통과하여 〈사진 4-12〉처럼 올리라는 식의 그릇된 지시를 하게 되어 버린다.

이런 식으로 하면 팔은 분명히 편하게 올라간다. 그러나 견갑골을 등쪽으로 전혀 당기지 않았기 때문에 체간과 팔의 연동이 사라지고, 〈사진 4-13〉처럼 팔이 체간의 회전에 뒤처져 이끌려 나오는 움직임은 발생하지 않는다. 허리, 상체, 팔 모든 것이 같은 면을 유지한 채 함께 앞으로 나가는 회전동작(사진 4-14)이 되어 팔 자체로 팔을 휘두르는 '팔만으로 던지기'가 되어버리는 것이다.

체간과 연동하여 팔이 휘둘려지도록 하려면 '톱'에서의 팔꿈치의 위치는 〈사진 4-11, 13〉처럼 오히려 등 쪽으로 확실하게 넣어야 한다. 그 위치를 목표로 팔을 움직이는 것이기 때문에 테이크 백에서 "등 쪽으로 넣으면 안 된다"는 말은 해당하지 않는다. 따라서 테이크 백의 움직임을 지도하는 경우에는 무엇이 좋고, 무엇이 나쁜지를 분명하고 상세하게 이해해두어야 한다.

한편 테이크 백에서 "등 쪽으로 넣으면 안 된다"고 말하는 이유는 팔을 '톱'의 위치로 올리기 어려운 경우가 많기 때문이다. '많다'고 표현하는 이유는 '등 쪽으로 넣는다=절대로 올라가지 않는다'는 아니기 때문이다.

등 쪽으로 넣는 선수라고 해도 팔을 자연스럽게 '톱'까지 가져가는 선수도 있고, '톱'을 만들지 못하는 선수도 있다. '톱'까지 올릴 수만 있다면 테이크 백에서 등 쪽으로 넣어도 아무런 문제가 없는 것이다. 정말로 문제인 것은 등 쪽으로 넣는 것이 아니라 양쪽의 차이를 낳는 관절의 움직임이다.

5. 팔꿈치가 올라가지 않는 이유와 해결할 수 있는 힌트

〈사진 4-15 a〉를 보자. 윗옷 어깨에서 소매 부분에 걸쳐 이어져 있는 옆줄이 안쪽으로 비틀어져 있다. 이 자세는 어깨 관절을 내선시켜 바로 뒤(등 방향)로 팔을 올리고 있는 모습인데(어깨 관절의 신전동작) 관절의 구조상 어깨의 신전동작에는 가동 영역에 제한이 있기 때문에 이 각도 근처에서 팔은 더 이상 올라가지 않는다. 하지만 팔의 위치가 같아도 〈사진 4-15 b〉처럼 옆줄을 모두 위로 향하게 하면(어깨의 내선 상태를 해제하는 것) 팔이 어느 정도 등 쪽을 향하고 있다고 해도 반드시 올라간다(사진 4-15 b~d).

팔의 움직임을 보면 처음에는 바로 뒤로 올라가 있다. 그 팔의 위치 자체는 바뀌지 않지만 〈사진 4-15〉에서 팔이 올라가 있는 상태는 비스듬히 뒤쪽이다. 실제로 해보면 알 수 있지만 팔의 위치가 같더라도 어깨가 내선을 하고 있을 때와 내선 상태를 해제했을 때는 견갑골에 대하여 상완골이 올라가는 방법이 달라지기 때문이다.

표면적인 움직임으로 보면 '차려' 자세에서 등 쪽으로 팔을 올리는 것을 어깨의 '신전'이라고 하고, 옆으로 올리는 것을 어깨의 '외전外轉'이라고 부르는데 상완골과 견갑골의 관계에서 보면 어깨를 내선시키고 있을

사진 4-15 어깨의 내선을 해제하면 팔은 올라간다(팔꿈치를 뻗은 상태에서의 방법)

내선　　　　　　해제

ⓐ　ⓑ　ⓒ　ⓓ

사진 4-16 어깨의 내선을 해제하면 팔은 올라간다(팔꿈치를 구부린 상태에서의 방법)

내선　　　　　　해제

ⓐ　ⓑ　ⓒ　ⓓ

경우 팔을 뒤로 올리건 옆으로 올리건 어깨의 신전동작에 의해 팔은 올라가다가 도중에 올라가지 않게 된다. 하지만 어깨를 내선시키지 않고 올리면 옆으로 올리건, 비스듬히 뒤쪽으로 올리건 어깨의 외전동작에 의해 팔이 올라간다. 즉 테이크 백에서 팔이 올라가기 어려운 이유는 팔을 등 쪽으로 넣어서가 아니라 어깨를 내선시킨 상태에서 올리려 하기 때문이다. 테이크 백에서 팔꿈치가 올라가지 않는 진짜 문제점은 바로 여기에 있다.

다음으로 〈사진 4-16〉을 보자. 〈사진 4-16 a〉는 〈사진 4-15 a〉와 같은 자세이지만 어깨를 내선시키고 있기 때문에 더 이상 위팔을 올릴 수 없다. 이 자세에서는 팔을 바로 뒤쪽 방향으로 올리고 있는데, 여기에서 팔꿈치의 위치는 그대로 두고 팔꿈치부터 손끝만 정반대인 정면 방향(가슴이 향한 방향)으로 향하도록 팔꿈치를 구부린다(사진 4-16 b). 그렇게 하면 어깨부터 소매에 걸친 윗옷의 옆줄이 위를 향한다는 사실을 통해서도 알 수 있듯 어깨의 내선상태는 해제되고 '톱'의 위치까지 팔을 올릴 수 있다(사진 4-16 b~d).

〈사진 4-15, 16의 각 b~d〉의 팔을 올리는 방법은 언뜻 신체를 전혀 다르게 사용하고 있는 것처럼 보이지만 사실은 팔꿈치가 구부러져 있는가, 뻗어 있는가의 차이일 뿐이다. 어깨부터 팔꿈치에 걸쳐서의 상완골의 움직임(어깨 관절의 움직임)을 보면 팔을 올리는 방법은 똑같다. 즉 테이크 백을 충분한 높이까지 올릴 수 있는가 하는 것을 구분하는 포인트는 어깨 관절의 움직임에 달려 있다.

6. 테이크 백에서의 어깨 움직임의 구조

어깨를 내선시킨 상태에서는 팔이 더 이상 올라가지 않고 내선상태를 해제하면 올라간다는 어깨 관절의 움직임에 관한 메커니즘을 좀 더 세밀하게 분석해보자.

사진 4-17 어깨 움직임과 팔과 팔꿈치의 위치 관계(손이 팔꿈치 바로 아래에 위치해 있는 경우)

사진 4-18 어깨 움직임과 팔과 팔꿈치의 위치 관계(손을 팔꿈치보다 앞쪽에서 들어올리는 경우)

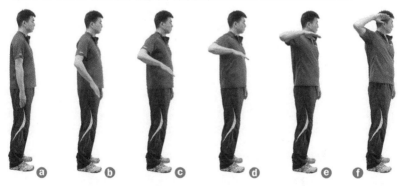

우선 선 자세에서 팔의 힘을 빼고 늘어뜨려 손이 계속 팔꿈치 바로 아래에 위치하도록 한 상태를 유지한 채 팔꿈치부터 끌어올려 보자. 어깨는 내선상태이기 때문에 어느 순간 더 이상 올라갈 수 없게 된다(사진 4-17).

이때 상완골을 살펴보면 견갑골 평면(견갑골의 바로 옆 방향의 수직면)에서 등 쪽으로 벗어나 어깨의 신전동작에 의해 움직인다. 어깨가 신전하는 방향의 가동 영역은 한계가 있기 때문에 어디선가 어깨를 외선시켜 외전동작에 의해 움직이도록 전환하지 않으면 어깨 높이 이상으로 팔을 올리는 것은 불가능하다.

이어서, 똑같은 시작 자세에서 역시 팔꿈치부터 끌어올리는데 이번에는 손을 팔꿈치보다 앞 쪽(가슴이 향한 방향)에 위치하도록 하면서 힘을 빼고 늘어뜨린 위치에서 수직의 궤도로 올려보자. 팔꿈치가 올라감에 따라 어깨가 자동으로 외선하여 팔꿈치가 어깨 높이까지 올라갔을 때에는 손도 같은 높이가 되고, 팔꿈치가 더 높이 올라가면 손은 팔꿈치 높이를 추월한다(사진 4-18). 이때 상완골을 살펴보면 견갑골 평면(견갑골이 등 쪽으로 젖혀져 있기 때문에 바로 옆보다는 비스듬히 뒤쪽이 된다)에서 벗어나지 않는 상태에서 어깨의 외전동작에 의해 팔이 올라간다.

즉 똑같이 팔꿈치부터 끌어올리는 테이크 백 동작에서도 손이 계속 팔꿈치 아래에 있는 상태에서 어깨를 내선시켜 이루어지는 테이크 백은 견갑골 평면에서 벗어난 어깨의 신전동작이 되고, 손을 팔꿈치 바로 아래보다 앞면 쪽에서 끌어올려 어깨의 내선상태를 푼 상태에서 이루어지는 테이크 백은 견갑골 평면상에서의 어깨의 외전동작이 되는 것이다.

그리고 외전동작이 발생하는 테이크 백에서는 어깨에 외선의 움직임도 복합적으로 발생하기 때문에 팔꿈치를 끌어올리는 것에 의해 팔꿈치와 손의 위치관계는 수평에 가까워지고, 손은 어깨 높이에서 팔꿈치의 위치를 추월하여 가장 짧은 시간에 팔을 '톱'의 위치로 옮길 수 있다.

바꾸어 말하면, 테이크 백에서 어깨가 내선하는 경우 계속 내선인 상태로 올라가는데 거기에서 팔을 올리기 위한 외선동작으로의 전환이 늦어질수록 '톱'으로 이행하는 데에 필요한 테이크 백 전체의 시간은 보다 길어진다. 이것은 착지를 맞이하는 타이밍까지 '톱'을 형성하지 못하는 가장 큰 원인이 된다.

7. 테이크 백의 타입

지금까지의 설명을 통하여 테이크 백 동작의 포인트는 다음과 같은 두 가지라는 사실을 이해할 수 있다.

❶ 어깨를 지나치게 내선시키지 않는다(팔꿈치부터 끌어올리는 경우 손을 계속 팔꿈치 바로 아래에 두지 말고 앞면 쪽을 통과하게 한다).

❷ 견갑골 평면을 따라 어깨의 외전동작을 이용하여 팔을 들어올린다.

하지만 ❷는 ❶이 실행되면 동시에 이루어지는 포인트이기 때문에 ❶을 실현하기 위해 어떤 식으로 팔을 움직이는가 하는 것이 테이크 백 동작의 실질적인 주안점이다.

〈사진 4-19, 20〉은 이것을 실제 투구동작에서 실행한 장면으로 각각 〈사진 4-15, 16의 각 b~d〉의 동작과 같다.

〈사진 4-19〉의 동작은 팔꿈치를 뻗은 채 바로 옆보다 비스듬히 뒤쪽을 향한 견갑골 평면을 따라 팔을 올리는 것인데, 그때 손등을 위로 향하게 하여 어깨 관절에 내선을 일으키지 않는 방법이다. 팔이 어깨 높이까지 올라간 시점에서부터 팔꿈치를 구부리는 것이다. 프로 선수의 경우 이와세 히토키巖瀬仁紀, 구보타 도모유키久保田智之, 우쓰미 데쓰야内

사진 4-19 팔꿈치를 뻗어서 올리는 테이크 백

사진 4-20 팔꿈치를 구부려서 올리는 테이크 백

海哲也 등이 이 타입에 가까운 선수다.

이 테이크 백 동작은 일부 책에서 '라디오 체조 타입'이라고 부르며 부정적인 견해를 보이지만, 나는 그렇게 부정적으로 보지 않는다. 테이크 백 동작에서 중요한 점은 "착지를 맞이하는 타이밍에 맞추어 팔이 올바른 '톱'의 위치에 놓는다"는 것 단 하나이며, 타이밍에 맞추어 올바른 '톱'의 위치에 놓을 수 있다면 거기까지 어떤 식으로 이동해 왔는가 하는 이동방식은 팔을 휘두르는 데에 영향을 끼치지 않는다고 생각하기 때문이다. 팔이 스스로 힘을 내어 휘둘려지는 것이 최고속도를 낼 수 있는 방법이라면 그 이전의 과정도 중요할 수 있지만, 팔은 그 자체가 아니라 체간의 움직임에 의해 '휘둘려지는' 것이며 완전히 '휘둘려져' 원심력을 최대한으로 이용할 수 있게 되었을 때에 최고속도를 얻을 수 있는 것이다. 즉 다른 어떤 요인에 의해 '휘둘려지는' 것이라면 효과적으로 '휘둘려지기' 위한 위치에만 있으면 되는 것이다.

또 이 테이크 백 동작에서의 투구를 '메어 던지기'와 혼동하는 사람도 있는데 그것도 잘못이다. '메어 던지기'는 테이크 백에서 팔을 올릴 때 상체(중심)도 아래에서 위로 올라가고, 팔을 휘두를 때에는 그 올라간 상체를 아래로 강하게 굽혀 팔을 뿌리듯 던지는 투구 방법으로 테이크 백의 동작과는 전혀 관계가 없는 이야기이기 때문이다.

〈사진 4-20〉의 동작은 공을 쥔 손을 몸 쪽 공간에서 수직으로 올려 항상 팔꿈치 위치보다 앞 쪽(오른손 투수인 경우에는 3루 쪽)을 통과하게 해서 어깨 관절에 지나친 내선이 발생하지 않도록 하는 방법이다. 어깨의 외전동작에 수반되어 자동으로 외선동작도 발생, 팔꿈치가 어깨 높이에 왔을 때에는 공을 쥔 손도 어깨 높이로 따라붙으면서 추월해 '톱'의 위치로 올라간다. 프로 선수 중에서는 마스자카 다이스케松坂大輔, 후쿠하라 시노부福原忍, 다카하시 히사노리高橋尚成, 기쿠치 유세이菊池雄星 등이 이 타입에 가까운 투수다.

앞에서 설명했듯 이 두 종류의 테이크 백 방법은 겉보기에는 전혀 다른 동작으로 보이지만 양쪽의 차이는 팔꿈치가 구부러져 있는가, 뻗어 있는가 하는 것뿐으로 어깨부터 팔꿈치에 걸친 상완골의 움직임(어깨 관

사진 4-21 어깨가 내선된 상태에서의 '톱'으로의 이행

절의 움직임)을 보면 거의 비슷한 움직임을 보인다. 따라서 어느 한 쪽이 좋고, 다른 한 쪽은 나쁘다고 말하기 어렵다. 부드러운 테이크 백 동작을 이용해서 상완골(어깨)을 움직이는 방법은 본질적으로는 모두 같다. 그 비슷한 움직임 속에서 팔꿈치를 완전히 뻗어 올리는 것과 팔꿈치를 최대한 굽혀서 올린다는 양 극단의 전형적인 예를 제시했을 뿐이다.

그렇게 생각하면 양쪽의 중간 타입이 수없이 존재한다는 사실도 이해할 수 있을 것이다. 예를 들어, 가와카미 겐신川上憲伸 등은 정확히 그 중간에 해당하는 동작을 취한다.

또 어깨를 내선시킨 상태에서 팔을 들어올리는 동작에서는 문제가 발생한다고 설명했지만 실제로는 어깨가 매우 부드러워 내선 상태에서도 아무런 문제없이 '톱'까지 팔을 올리는 경우도 많이 있다(사진 4-21). 후지카와 규지 선수가 이 타입에 해당한다.

이 동작의 경우 일단 손이 팔꿈치보다 등 쪽으로 들어간 상태에서 '톱'으로 이행되기 때문에 팔이 더 이상 올라가기 어려운 상태에 놓이기

직전 타이밍에서 손을 팔꿈치보다 앞 쪽에서 끌어올리는 동작으로 전환, 어깨를 외선시켜 가는 동작으로 바꾸어야 한다(사진 4-21 c~e). 이 동작이 가능하려면 상완골이 신전 방향보다 외전 방향에 가깝게 들어올리는 방법을 취해야 하며, 견갑골 평면에서 그다지 크게 벗어나지 않아야 한다는 조건이 붙는다(사진 4-21 c).

4 ➡ 7 정리

1. 테이크 백에서 "등 쪽으로 넣으면 안 된다"고 말하는 것은 '깊이 넣는 것' 자체가 나쁜 것이 아니라 팔이 '톱'으로 올라가기 어렵기 때문이며, 올바른 '톱'으로 부드럽게 이행될 수만 있다면 '등 쪽으로 넣어도' 아무런 문제가 없다.
2. 등 쪽으로 들어간 테이크 백에서 팔꿈치가 올라가기 어려운 이유는 등 쪽으로 들어가 있기 때문이 아니라 어깨를 내선시킨 상태에서 올리려 하기 때문이며, 테이크 백에서 팔꿈치가 올라가지 않는 문제점은 대부분의 경우 여기에 있다.
3. 팔꿈치부터 끌어올리는 테이크 백의 경우 손이 팔꿈치 바로 아래에 위치해 있는 상태에서 끌어올리지 말고 팔꿈치 바로 아래보다 앞 쪽에서 끌어올리도록 한다.
4. 부드러운 테이크 백 동작의 포인트는 어깨를 지나치게 내선시키지 말고 어깨의 외전동작을 이용해서 팔을 올리는 것이다.
5. 테이크 백 동작에서 중요한 점은 "착지를 맞이하는 타이밍에 맞추어 팔이 올바른 '톱'의 위치에 오도록 한다"는 것뿐이며, 팔을 들어올리는 방법은 문제가 아니다.
6. 언뜻 전혀 다른 테이크 백으로 보이지만 부드러운 테이크 백 동작을 유도하는 상완골(어깨)의 움직임은 본질적으로 모두 비슷하며, 팔꿈치부터 손끝의 움직임이 다를 뿐이다.

8. 체간, 하반신의 움직임과 테이크 백의 관계

앞에서 팔이 '톱'의 위치까지 부드럽게 올라가지 않는 원인은 어깨가 지나치게 내선하여 상완골이 견갑골 평면으로부터 벗어나 어깨 관절이 신전되는 움직임에 의해 올라가기 때문이며, 팔을 '톱'의 위치까지 부드럽게 올리려면 어깨를 지나치게 내선시키지 말고 상완골을 견갑골 평면에서 벗어나지 않도록 하여 어깨 관절의 외전의 움직임을 이용하여 들어올려야 한다고 설명했다.

다만 그 해설은 체간의 움직임은 무시하고 팔을 움직이는 방법이라는 관점에서만 견갑골과 상완골의 관계를 본 것이다. 팔의 움직임은 같아도 체간의 움직임이 첨가되면 당연히 견갑골과 상완골의 움직임도 변한다. 따라서 테이크 백 동작을 개선하려면 팔의 움직임과 함께 체간의 각도나 하반신의 움직임과의 관계까지 포함하여 과제를 파악해야 한다.

〈사진 4-22, 23〉은 같은 몸 쪽의 위치에 공을 고정시킨 채 팔꿈치의 각도도 전혀 바꾸지 않고 상체의 각도만을 바꾼 것이다. 〈사진 4-22〉는 머리를 뒤쪽에 남기고 어깨 너머로 투구 방향을 바라보는 '에이밍' 각도를 상체에 만든 경우이며, 〈사진 4-23〉은 상체를 투구 방향으로 진입시킨 경우다('진입'에는 반드시 '열림'도 동반된다).

전자에서는 상완골이 견갑골 평면상에서 외전 방향으로 올라간 위치에 있다는 데에 비하여, 후자에서는 상완골이 견갑골 평면에서 벗어나 신전 방향으로 올라간 위치에 있고 어깨가 강하게 내선하고 있다. 즉 〈사진 4-22〉와 같은 장소에 공을 통과시켜 올라가기 쉬운 테이크 백 동

사진 4-22 상체가 에이밍 각도인 경우　　　사진 4-23 상체가 진입해 있는 경우

작을 실행하고 있다고 생각하더라도 몸이 빨리 열리거나 상체가 투구 방향으로 진입하면 어깨 관절에는 신전과 내선의 움직임이 발생해 팔은 올라가기 어려워지는 것이다.

〈사진 4-24〉는 몸이 빨리 열려 상체가 진입해 있는 테이크 백의 전형적인 움직임을 일련의 흐름으로 제시한 것이다. 착지 타이밍에서 중요한 '톱'이 충분하게 이루어져 있지 않고, 공의 위치가 타자로부터 보일 정도로 3루 쪽으로 나가 있다는 것을 알 수 있다. '열림'과 '진입'에 의해 어깨에 신전과 내선의 움직임이 발생해 손끝을 끌어올리는 데에 시간이 걸리면서 착지 타이밍까지 '톱'으로 이행하지 못했기 때문에 나오는 결과다. 이래서는 체간 회전에 의해 공이 머리 뒤쪽에 남겨지는 움직임을 얻을 수 없고, 공을 밀어내는 듯 팔을 움직이게 되어 공의 가속거리는 짧아질 수밖에 없다.

이런 점에서 부드러운 테이크 백 동작을 실현하려면 상체에는 어깨 너머로 투구 방향을 바라보고 머리를 뒤에 남겨두는 '에이밍' 각도가 유

사진 4-24 몸이 빨리 열리는 경우의 흐름

사진 4-25 에이밍 각도를 유지한 경우의 흐름

지되어야 한다는 사실을 이해할 수 있을 것이다. 그리고 그 상체의 각
도를 착지까지 바꾸지 않고 평행 이동시키는 것은 '병진운동'을 실행하
는 하반신의 역할이기 때문에 부드러운 테이크 백 동작을 실현하려면
축각 고관절의 움직임이 중심을 이루는 하반신 사용 방법도 중요하다.

〈사진 4-25〉는 상체의 '에이밍' 각도를 착지까지 유지하여 평행 이동
시킨 것이다. 팔은 매끄럽게 '톱'으로 이행되고 있다. 여기에서 중요한

것은 뒤쪽(엉덩이 방향)으로 끌어 넣은 축각의 고관절 위치와 상체의 '에이밍'에 의해 정해진 스로잉 암의 어깨 위치가 전혀 회전 방향으로 움직이지 않고 완전히 투구 방향으로 직선적으로 이동하고 있다는 점이다.

실제 투구에서, 특히 축각 고관절에 관해서는 아무리 효과적으로 하반신을 움직인다고 해도 착지 직전에는 회전 방향으로 약간 흔들리게 된다. 그러나 가능한 한 착지 바로 전까지 직선이동을 하는 것이 중요하다는 데에는 변함이 없으며, 적어도 스로잉 암의 어깨는 완전히 직선으로 이동해야 한다.

9. 테이크 백 동작의 근본에 존재하는 것

테이크 백에서의 팔의 움직임이 매끄럽게 실행될 수 있는 이유는 어깨가 외전하여 팔꿈치의 위치가 올라가는 과정에서 동시에 상완골에 외선의 움직임이 발생하기 때문이다. 이것은 의식적으로 외선동작을 실행하기 때문이 아니라 어깨 관절이 외전하여 상완골의 각도가 올라갈수록 회전근lateral rotator들이 상완골을 외선 방향으로 끌어당기면서 자동으로 발생하는 작용이다. 이 때문에 견갑골이나 흉곽의 움직임이 나빠져 굳어 있는 경우, 또는 그와 반대로 지나치게 부드러운 경우에는 충분한 '톱'을 만들 수 없는 것이다.

특히 내선가동 영역이 넓은 경우 팔을 내렸을 때에 내선위內旋位로 지나치게 들어가, 그 상황에서 팔을 끌어올려도 외선 방향으로 되돌리는

사진 4-26 어깨 돌리기 체조

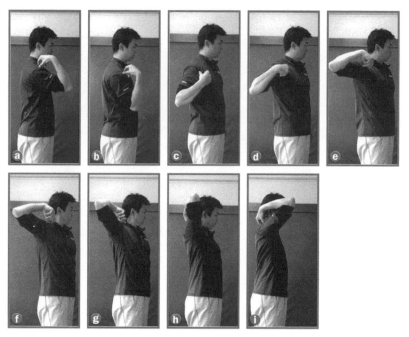

작용이 즉시 이루어지지 않고 내선위인 상태에서 팔이 올라가기 때문에
착지 타이밍에 '톱'으로 이행되지 못하는 경우가 있다. 이런 경우 상완
골을 끌어올리는 동작이 시작됨과 동시에 손이 팔꿈치 앞 쪽을 올라가
듯 팔꿈치를 굽히기 시작, 어깨에 외전과 외선의 복합동작이 발생하도
록 해야 한다.

　이처럼 매끄러운 테이크 백에서의 팔의 움직임을 통하여 알 수 있는 어
깨의 외전과 외선의 복합동작은 테이크 백 동작에 한정된 특별한 관절의
움직임에만 해당되는 것은 아니다. 누구나 실행해본 적이 있는 '어깨 돌리
기' 체조(사진 4-26)에서도 테이크 백에서의 외전과 외선의 복합동작과 똑

사진 4-27 어깨 돌리기 체조에서 어깨의 움직임에 손을 늘어뜨리는 동작을 첨가한 경우

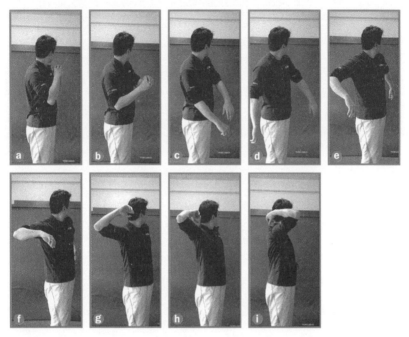

같은 어깨의 움직임이 이루어진다. 복합동작이라고 하면 복잡한 움직임처럼 들리겠지만 어깨의 이런 움직임은 본래 어깨(상완골)를 크고 매끄럽게 돌리려 하는 경우에 누구나 자연스럽게 나타나는 단순한 동작인 것이다.

〈사진 4-27〉은 '어깨 돌리기' 체조에서의 어깨 움직임에서 팔꿈치가 하강할 때에 손을 아래로 늘어뜨렸을 뿐인 것이지만, 그야말로 테이크 백 동작과 똑같다. 팔을 올리는 움직임뿐 아니라 올린 이후에 앞으로 돌리는 쪽으로 전환해갈 때 견갑골의 움직임에 의해 팔꿈치가 한층 더 올라가면서 손이 머리 뒤쪽에 남겨지는 움직임(사진 4-27 g, h)까지 포함하여, 투구동작의 테이크 백에서 보디 턴을 시작할 때의 움직임과 똑같

다. 즉 어깨를 크고 매끄럽게 돌리는 '어깨 돌리기' 움직임이 테이크 백에서 팔을 움직이는 근본이다.

지금까지 '톱'의 자세에 관하여 '팔꿈치(견갑골)가 어깨 높이에서 등 쪽으로 끌어당겨져 있다'고 설명해 왔는데 이것은 어깨 높이로 올린 것을 수평으로, 등 쪽으로 끌어당긴다는 의미가 아니다. '어깨 돌리기' 움직임과 마찬가지로 팔꿈치를 올리면서 등 쪽 깊은 위치로 매끄럽게 이동되는 것으로, 힘을 넣어 실행하는 것이 아니다.

이처럼 테이크 백 동작의 근본이 '어깨 돌리기' 움직임이라면 테이크 백에서 팔꿈치가 올라가지 않는 선수는 '어깨 돌리기' 체조조차 크고 매끄럽게 돌릴 수 없을 정도로 어깨 관절의 기능이 미숙할 가능성이 높다는 사실을 짐작할 수 있다. 이런 선수의 경우 어깨의 움직임이 불충분하고, 팔꿈치에서 손끝만을 움직여 테이크 백을 실행하는 경향이 강하며, 팔꿈치가 낮은 위치에서 팔이 접히게 된다. 팔꿈치의 위치는 어깨 관절의 작용에 의해 움직이는 것이기 때문에 테이크 백은 어깨의 움직임이 주체가 되어 이루어져야 한다. 그리고 그 어깨의 매끄러운 움직임에는 견갑골이나 흉곽의 움직임이 큰 영향을 끼치기 때문에 그런 근본적인 부분부터 개선해야 할 필요도 있다.

10. 손목의 각도와 방향의 문제

테이크 백에서의 손목의 각도는 원칙적으로 장굴掌屈. palmar flexion(수

사진 4-28 테이크 백에서의 손목의 각도(뉴트럴)

사진 4-29 테이크 백에서의 손목의 각도(장굴掌屈)

관절의 손바닥 방향으로의 굴곡 운동), 배굴背屈. dorsalflexion(수관절의 손등 방향
으로의 운동), 회내回内. Pronation(오른손 투수라면 손을 반 시계 방향으로 돌리는
것), 회외回外. supinatiom(오른손 투수라면 손을 시계 방향으로 돌리는 것) 등을
하지 않고 처음부터 끝까지 뉴트럴 상태에서 앞 팔부터 똑바로 뻗는 것
이 중요하다(사진 4-28).

그 이유는 손목의 움직임이나 힘은 팔꿈치의 굴곡 각도나 구부러지
기 시작하는 타이밍, 어깨의 회선回旋 각도, 상완골이 올라가는 방향 등
에 영향을 끼쳐 앞에서 설명한 '어깨 돌리기' 체조처럼 어깨의 외전, 외

사진 4-30 테이크 백에서의 손목의 각도(배굴背屈)

선의 움직임과 팔꿈치의 굴곡의 움직임이 자연스럽게 협조관계를 이루는 데에 방해가 되기 때문이다. 가능하면 팔에 불필요한 움직임을 주지 않으면서 컨트롤하려면 신체 중앙에 가까운 흉곽이나 견갑골을 포함한 어깨의 움직임을 중심으로 테이크 백 동작이 이루어져야 한다.

예를 들어, '톱'의 위치에서 손목이 아직 장굴되어 있는 경우(사진 4-29)에는 체간이 회전을 할 때에 어깨에 외선의 움직임이 발생하는 타이밍이 손목을 뒤집는 시간만큼 늦어져 공을 쥔 손이 머리 뒤에 남겨지는 움직임이 약화되고, 그 결과 스로잉 암의 어깨는 멀리 돌아야 하는 결과가 나온다.

반대로 '톱'의 위치에서 손목이 강하게 배굴되어 있는 경우(사진 4-30)에는 견갑골이 등 쪽으로 덜 끌어당겨져 체간보다 팔꿈치를 선행시켜 팔만을 이용해서 팔을 앞으로 내미는 듯한 '팔만으로 던지기'가 된다(애당초 손목의 움직임으로 공을 세로로 자르는 이미지를 가지고 있기 때문에 이런 '톱' 이 만들어진다).

사진 4-31 어깨의 움직임과 손의 방향의 관계

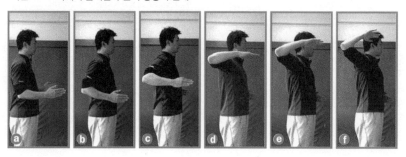

'톱'에서의 공의 방향에 관해서는 "공을 던지는 쪽과 반대로 향한다" 를 비롯한 여러 가지 의견들이 있지만 이것도 의식적으로 손목을 강하게 비틀어야 한다는 뜻은 아니다.

〈사진 4-31〉을 보자. 이번 장 첫머리에서 소개한 올바른 '톱'의 위치를 지도하는 경우에 흔히 사용하는 것과는 다른 방법이지만, '짧게 앞으로 나란히'를 한 자세에서 견갑골을 당겨 팔꿈치를 등 쪽으로 끌어당기고 그대로 어깨를 외전시키면 팔꿈치가 어깨 높이에 왔을 때에는 손바닥은 아래를 향하고, 거기에서부터 팔꿈치의 위치가 올라갈수록 점차 손바닥은 옆을 향하게 된다. 즉 기본적으로 손의 방향은 어깨의 움직임에 의해 바뀌는 것이다. 그리고 〈사진 4-28〉을 보면 알 수 있듯 '톱' 부근에서의 팔의 움직임은, 위팔의 위치는 고정되더라도 어깨는 외선하고 있기 때문에 앞 팔의 위치나 공의 방향 등은 시시각각으로 계속 변화한다.

그렇기 때문에 본래 '톱'은 공의 방향이 아니라 위팔(팔꿈치)의 위치를 중심으로 생각해야 한다. 위팔의 위치가 올바르게 형성되어 있다면 손

사진 4-32 머리 뒤에 손이 남겨지는 움직임

의 방향에 어느 정도 차이가 발생하는 것은 개인차의 범위이며, 그 후의 동작에는 아무런 영향을 끼치지 않는다. 물론 공의 방향을 지시하는 방법으로 지도하여 동작이 좋아지는 선수도 있지만 본질적으로는 공의 방향이 우선인 것은 아니다.

　결국 체간과 연동한 효과적인 팔의 휘둘림을 이끌어내기 위해 중요한 것은 체간이 회전을 할 때에 '공을 쥔 손이 일단 머리 뒤에 남겨진다'는 움직임(사진 4-32)이다. 따라서 올바른 '톱'으로 이행했는가 하는 최종적인 기준은 여기에 두어야 한다.

8→10 정리

1. 몸이 빨리 열리는 현상, 또는 상체가 투구 방향으로 진입하는 현상에 의해 테이크 백에서 팔을 올리기 어려워진다.

2. 부드러운 테이크 백 동작을 실현하려면 상체에는 어깨 너머로 투구 방향을 바라보고 머리를 뒤쪽에 남기는 '에이밍' 각도를 유지해야 하는데, 그렇게 하려면 하반신을 올바르게 사용해야 한다.

3. 테이크 백에서의 손목의 각도에 관해서는 처음부터 끝까지 뉴트럴 상태를 유지한 채 앞 팔부터 똑바로 뻗어야 한다.

5. 체간과 연동한 효과적인 팔의 휘둘림을 이끌어내기 위해 중요한 것은 체간이 회전하기 시작할 때에 '공을 쥔 손이 일단 머리 뒤쪽에 남겨진다'는 움직임이다. 그것이 형성되어 있다면 '톱'에서의 공의 방향이나 앞 팔의 각도 등 사소한 개인차는 문제가 되지 않는다.

2. 팔을 휘두르는 동작의 구조

1. 팔을 휘두르는 동작의 구조

착지를 맞이하는 타이밍에서 '톱'으로 이행한 팔은 그 후의 릴리스까지 어떻게 움직이는 것인지, 그 움직임을 확인해보자(사진 4-33, 34).

테이크 백의 '톱'에서 위팔은 두 어깨를 연결한 라인의 연장선상에서 등 쪽으로 끌어당겨져 있다. 그 후 체간의 회전동작에서 리딩 암 쪽의 흉곽을 열어가는 움직임부터 먼저 시작되는 것에 의해 두 어깨와 위팔의 일직선 관계는 릴리스까지 변하지 않고 투구 방향으로 이끌려 나간다. 즉 '톱'을 만든 후에 릴리스까지 위팔은 회선의 움직임만이 이루어지고(이것도 자동으로 발생한다), '팔의 휘둘림'으로서 움직이는 것은 기본적으로 팔꿈치에서 손끝 부분(앞 팔)뿐이다.

그리고 체간의 회전에 의해, 공을 쥔 손은 일단 머리 뒤쪽에 남겨졌다가 어깨가 강하게 외선하면서 팔꿈치 바로 뒤(센터 방향)로 이행되며 '휘어짐'이라고 불리는 자세를 경유하여 두 어깨와 팔꿈치를 연결한 일

사진 4-33 **톱에서 릴리스까지의 팔의 휘둘림**(정면)

사진 4-34 **톱에서 릴리스까지의 팔의 휘둘림**(옆면)

직선 라인의 연장선을 따라 휘둘려진다(팔이 뻗는 시점에서 어깨가 외선의 위치에서 내선의 위치로 바뀌기 때문에 팔꿈치가 완전히 뻗지는 않는다). 이때 앞 팔에는 팔꿈치를 지탱점으로 삼아 뒤쪽에서 반원을 그리며 바깥 방향으로 향하는 움직임이 발생한다.

앞 팔의 '팔꿈치를 지탱점으로 삼아 반원을 그리면서 바깥 방향으로 뻗는다'는 이 움직임을 체조로 제시한 것이 〈사진 4-35, 36의 각 a~e〉다. 이 체조에서는 의식적으로 팔을 움직이고 있지만, 실제 투구동작에

사진 4-35 체조처럼 실행한 앞 팔의 움직임(정면)

서는 의식적으로 움직이는 것이 아니다. 체간의 회전에 의해 팔이 '휘둘
려졌을' 때 자연적으로 팔이 이런 식으로 움직이는 것이다.

이때 중요한 것은 리딩 암 쪽의 흉곽을 여는 움직임부터 체간의 회전
동작을 시작하고 그때 리딩 암 쪽 어깨를, 팔을 휘두르고 싶은 방향과
반대 방향으로 진행하는 것이다. 즉 오버스로라면 등 쪽의 아래 방향으
로(사진 4-37), 사이드 스로라면 등 쪽의 옆 방향으로(사진 4-38), 언더스
로라면 등 쪽의 위 방향으로(사진 4-39) 리딩 암의 어깨를 진행시키는 것

사진 4-36 체조처럼 실행한 앞 팔의 움직임(옆면)

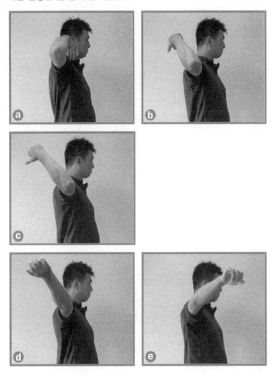

이다(다만 이 움직임 전에 '회전운동'의 기초로서 고관절에서의 골반 회전이 있어야

한다).

〈사진 4-40〉은 리딩 암 쪽 어깨의 움직임이 어떤 의미를 가지며, 체

간 전체로 볼 때 방향성과 힘을 스로잉 암에 어떤 식으로 전달하는지에

관하여 직사각형의 매트를 체간에 비유하여 간략하게 소개하고 있는 것

이다. 앞쪽 귀퉁이가 리딩 암의 어깨, 사람 쪽의 귀퉁이가 스로잉 암의

어깨, 왼쪽 다리의 무릎이 등의 작용을 나타내고 있다.

사진 4-37　리딩 암 쪽 어깨의 움직임(오버스로)

사진 4-38　리딩 암 쪽 어깨의 움직임(사이드 스로)

사진 4-39　리딩 암 쪽 어깨의 움직임(언더스로)

사진 4-40 체간을 움직이는 효과적인 모델

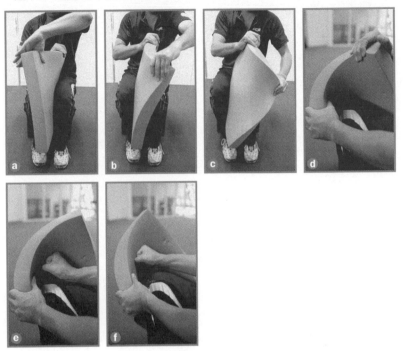

　착지를 맞이하는 타이밍에서는 리딩 암 쪽의 흉곽이 오므라들고 스로잉 암 쪽의 흉곽이 열리며, 체간에는 〈사진 4-40 a〉와 같은 비틀림이 발생한다. 거기에서 스로잉 암은 '톱'의 위치로 끌어당긴 채 리딩 암 쪽 어깨를 등 쪽으로 끌어내리는 움직임을 실시하면 그것만으로 두 어깨의 라인에 기울기가 만들어지고, 리딩 암이 진행한 각도와 정반대 방향으로 팔이 휘둘려 나오는 방향성이 정해진다(사진 4-40 b, c). 이때 좌우의 흉곽이 함께 열리기 때문에 등 근육에는 강한 수축이 발생하고, 리딩 암 쪽 흉곽의 열림이 강해질수록 등 근육의 힘은 체간을 투구 방향으

로 밀어내는 힘이 된다(사진 4-40 d).

거기에서부터의 상체의 회전은 리딩 암의 어깨가 지탱점, 등 근육에 의한 투구 방향으로의 밀어 넣기(사진에서는 오른손에 의한 밀어 넣기)가 힘점이 되는 '지렛대'의 작용을 일으켜 스로잉 암 쪽 어깨가 투구 방향으로 직선 이동을 하는 속도를 더욱 가속하면서 고정되어 있는 위팔에 에너지를 전달한다(사진 4-40 e, f). 실제 투구동작을 보면 이때의 '지렛대'는 리딩 암 쪽 어깨에서 스로잉 암 쪽 팔꿈치까지로 꽤 길어지고, 그 앞쪽에 있는 앞 팔에 회전의 '원심력'이 전달되어 앞 팔은 '지렛대'의 끝부분이 휘둘려 나온 방향의 연장선상을 향하여 마치 '채찍'처럼 휘둘려진다.

체간에 비유한 매트의 이런 움직임은 오버스로 투구동작이지만 회전을 시작하기 전의 체간의 각도와 리딩 암 쪽 어깨를 진행해가는 방향이 다를 뿐 사이드 스로나 언더스로도 어깨와 등 근육의 '지렛대' 관계에서는 같은 구조가 작용한다.

〈사진 4-41〉은 리딩 암 쪽 어깨를 등 쪽으로 당기지 않고(흉곽을 열지 않고) 스로잉 암 쪽 어깨를 앞으로 내밀 듯 실행하는 '팔만으로 던지기'에서 체간의 움직임을 간략하게 보여주고 있다. 등 근육에 수축이 발생하지 않기 때문에 '지렛대' 작용이 없고, 스로잉 암 쪽 어깨는 '멀리 도는' 수밖에 없다. 또 두 어깨의 라인을 기울일 수 없기 때문에 체간의 회전을 살린 오버스로는 불가능해진다.

'지렛대' 작용이 없고 어깨가 멀리 돌게 되면 투구 방향으로의 어깨의 이동속도는 당연히 늦어지며, 팔에 충분한 회전력이 전달되지 않기 때

사진 4-41 팔만으로 던지는 경우의 체간의 움직임 모델

문에 '원심력'을 이용할 수 없고, 팔의 휘둘림은 체간과는 관계없이 스로잉 암의 어깨를 중심으로 위팔을 움직이는 것이 되어버린다. 이래서는 공의 속도가 빨라질 수 없다.

그렇기 때문에 흔히 "팔꿈치를 앞으로 내민다"고 말하지만 결코 팔자체를 앞으로 내밀려 해서는 안 된다. 체간의 회전에 팔이 이끌려 나오는 대로 몸을 맡겨야 하는 것이다. 팔이 체간 회전에 의해 이끌려 나오는 자연스러운 연동의 순서를 지키지 않고 직접 팔꿈치를 앞으로 내밀려 하는 순간 '원심력'의 전달은 끊어져버린다.

이제 팔은 팔만으로 휘두르는 것이 아니라 체간 회전의 움직임에 의해 '휘둘려지는' 것이라는 사실을 잘 이해했을 것이다. 팔꿈치는 근력으로 뻗는 것이 아니라 '원심력'에 의해 뻗어나가는 것이다. 그렇기 때문에 힘을 빼고 안정을 시켜야 한다. 설사 팔의 근력을 첨가한다고 해도 그것이 '원심력'을 이용하는 데에 방해가 되어서는 안 된다.

그런 의미에서 "팔을 좀 더 휘둘러야 한다"는 말은 그 기분은 이해할

수 있지만 사실은 역효과를 낳을 뿐이다.

또 선수나 지도자가 동작 이미지로서 이야기하는 팔의 '세로로 흔들기'라는 것은 어디까지나 이미지에서의 이야기이며, 올바른 연동동작으로서는 존재하지 않는다. 그렇기 때문에 오버스로에서 언더스로까지 모든 투구 스타일은 체축의 기울기 각도를 바꾸는 것만으로 투구가 가능해진다.

2. '위에서 던진다'의 오해

투구동작에 관한 오해 중에서 가장 많은 것은, 흔히 들을 수 있는 '위에서 던진다'는 말 그대로 지나치게 위에서 던지려 하는 경우다.

이런 식으로 위에서 내리꽂듯 던지려고 신경을 쓰게 되는 원인은 '팔꿈치를 높인다'에 대한 지나친 의식, 팔꿈치를 앞으로 내밀려 하는 의식, 장신의 선수 등에서 흔히 볼 수 있는 '각도를 만든다'는 의식, 견갑골 주변의 근력이 약해서 팔을 '톱'의 위치로 당겨 붙여 고정해두지 못하는 현상, 회전을 이용해서 팔을 이끌어내는 감각 부족 등 그야말로 다양하다.

팔을 휘두를 때에 팔꿈치가 두 어깨를 연결한 라인의 연장선상보다 위쪽에서 나가는 동작은(사진 4-42) 각도와 관련 없이 모두 '지나치게 위에서 던지는' 동작이며, '팔만으로 던지기'에서 볼 수 있는 특징적인 동작이기도 하다. 팔꿈치를 등 쪽으로 끌어당겨 두는 힘이 확실하게 작용

사진 4-42 위에서 팔이 지나치게 나오는 경우

하고 있으면 팔꿈치는 적정한 위치보다 더 위로 올라가지 않는데, 그 위에서 던진다는 것은 팔을 팔만으로 휘두르고 있다는 증거다. 팔꿈치를 두 어깨를 연결한 라인보다 위쪽에서 내밀게 되는 이유는 팔꿈치를 휘두르는 지탱점이 스로잉 암의 어깨이기 때문이다. 그리고 〈사진 4-42 c〉처럼 두 어깨와 위팔로 만들 수 있는 각도가 직각에 가까울수록 체간 회전의 움직임과는 관계없이 팔을 휘두르게 되어 팔의 휘둘림에 '원심력'을 이용할 수 없을 뿐 아니라 어깨 관절에 충격을 주기 쉽다. 그렇기 때문에 이런 식으로 팔을 휘두르면 공의 속도는 늦어질 수밖에 없고, 어깨의 부상도 초래하기 쉽다.

또 바로 위에서 팔을 휘두르려고 할수록 몸은 열리기 쉽다. 바로 위에서 팔을 휘두르는 대표적인 동작으로 축구의 '스로잉'이 있다. '스로잉'은 절대로 회전동작을 이용해서 던질 수 없다. 반드시 던지는 방향으로 몸을 향하고 동체를 앞으로 접듯 던져야 한다. 바로 위에서 던지는 팔의 휘둘림과 동체는 이런 식으로 연동될 수밖에 없는 것이다. 따라서 투구동작에서도 팔을 바로 위에서 휘두르려 하면 일단 몸을 던지

사진 4-43 반드시 몸이 열리는 바로 위에서 던지는 동작

는 방향으로 연 뒤에 동체를 세로로 접듯 던지는 형식이 되는 것이다(사진 4-43). 이런 동작은 '바로 위에서'라는 이미지를 가지게 되는 단계에서 이미 정해져버린다.

3. 팔을 올바르게 휘두르는 기준

〈사진 4-44, 45〉는 투구동작을 기초부터 개선하는 경우에 체간의 회전동작과 팔의 휘둘림의 세트 관계가 올바르게 형성되어 있는지 체크하면서 수정해가는 수단으로 자주 이용하는 것이다. 대부분의 경우에는 제2장 '골반의 회전' 항목에서 소개한, 골반을 움직이는 방법을 연습한 뒤에 그 노 스텝 상황에서의 회전동작에 '톱'에서의 스로잉 암 쪽 팔의 휘둘림만을 더하는 순서로 실시한다. 이때 리딩 암은 몸 쪽에 늘어뜨린

사진 4-44 올바른 회전동작과 연동한 팔의 휘둘림은 팔꿈치를 향한다(정면)

상태로 놓아둔다.

　여기에서 지식으로서 알아두어야 할 점은, 체간 회전의 움직임이 올바르게 이루어지고 그 움직임과 팔의 휘둘림이 완전히 일치해 있으면 팔로우 스루에서 스로잉 암 쪽 앞 팔은 반드시 늘어뜨리고 있는 리딩 암의 팔꿈치 근처로 온다는 것이다(사진 4-44, 45의 각 g). 양쪽의 움직임이 모두 올바르게 이루어지고 있는 경우 이외에, 즉 체간의 회전동작이 올

사진 4-45 올바른 회전동작과 연동한 팔의 휘둘림은 팔꿈치를 향한다(비스듬히 옆면)

바르지 않거나 팔의 휘둘림이 회전동작과 완전히 일치해 있지 않은 경우에는 스로잉 암은 리딩 암의 팔꿈치를 향하지 않는다.

예를 들어, 체간 회전의 움직임과는 관계없이 팔을 세로로 휘두르고 있는 경우 팔은 리딩 암의 손목 근처로 향하고(사진 4-46), 스로잉 암의 어깨를 내밀 듯 회전동작을 실행하는 경우에도 리딩 암의 어깨가 올라가기 때문에 역시 팔이 손목 근처로 향한다(사진 4-47, 48).

이처럼 팔이 팔꿈치 근처로 향하지 않는 것은 회전동작이나 팔의 휘

사진 4-46 팔이 향하는 방향(팔을 세로로 휘두른다)

사진 4-47 팔이 향하는 방향(어깨를 내민다)

둘림, 또는 양쪽 모두에 원인이 있기 때문에 본래는 그 원인을 바로잡
아야 한다. 그러나 '스로잉 암의 앞 팔을, 늘어뜨린 리딩 암의 팔꿈치 근
처에 반드시 부딪힌다'고 신경을 쓰게 하는 것만으로도 대부분의 선수
는 팔의 휘둘림에 어느 정도 개선을 보인다.

사진 4-48 **팔이 향하는 방향**(어깨를 내민다)

4. 릴리스 자세를 이해한다

〈사진 4-49〉는 릴리스 순간의 자세를 정지 상태로 만든 것이다. 여러분이 지도하고 있는 팀에서도 선수가 릴리스 자세를 어느 정도나 몸으로 이해하고 있는지를 알기 위해 한 번쯤 시도해보도록 하자. 아마 대부분의 선수가 바람직한 자세와는 거리가 먼 자세를 취하고 있을 것이다.

평소에 올바른 투구 방법을 갖추고 있지 않으면 올바른 릴리스 자세에 대한 감각이 갖추어져 있을 리 없고, 올바른 투구 방법을 갖추고 있다고 해도 정지 상태에서 연동동작과 다르지 않은 리얼한 자세를 만들려면 높은 수준의 신체감각이 필요하기 때문에 바람직한 자세를 만들기 어려운 것은 이상한 현상이 아니다.

그러나 중요한 릴리스 순간의 자세를 만들 수 없다면 분명히 문제다. 내가 지적하고 싶은 것은 중요한 릴리스 순간의 올바른 자세를 이해하

사진 4-49 정지 상태에서 만든 릴리스 자세

고는 있는데 그렇게 할 수 없는 것인지, 올바른 자세 자체를 모르기 때문에 그렇게 할 수 없는 것인지이며, 거기에는 큰 차이가 있다는 것이다. 올바른 자세를 이해하고 있다면 일련의 동작을 통해서 가능해질 수도 있다.

착지 자세에 관해서도 비슷한 말을 할 수 있다. 극단적으로 표현한다면, 착지 자세와 릴리스 자세 모두를 완벽하게 몸으로 이해하고 있고, 그 자세를 통과시키듯 일련의 동작을 취할 수 있다면 폼에서는 문제가 거의 발생하지 않을 것이다. 그 두 가지 올바른 자세를 이해하지 못하고 있다는 것은 자신이 공을 어떻게 던지고 있는 것인지 목적을 모른다는 뜻이다. 실제로 릴리스에서의 올바른 자세를 가르치는 것만으로 다음 순간부터 구질이나 구속이 완전히 바뀌는 선수는 많이 있다.

정지 상태에서 올바른 릴리스 자세를 만들지 못하는 경우의 전형적인 예를 들면 다음과 같다.

❶ 축각의 발바닥을 지면에 붙여 체중을 지탱하고 있다.

❷ 내딛는 다리의 고관절을 이용해서 골반을 돌려야 하는데 그렇게 하지 못한다.

❸ 상체가 수직으로 서 있고, 가슴과 얼굴이 정면을 향하고 있다.

❹ 팔이 좌우 어깨의 연장선상으로 뻗어 있지 않다.

등이다.

❶, ❷에 관해서는 균형상 정지 상태에서는 실행하기 어려운 포인트이기 때문에 그렇다고 치고 ❸, ❹에 관해서는 올바른 자세를 모르기 때문이라고 말할 수 있다.

이 모든 것을 바로잡으면, 내딛는 다리에 체중을 싣고 그 뿌리 부분에 해당하는 고관절을 이용해서 골반을 회전, 정면에서 보았을 때 스로잉 암의 어깨가 내딛는 다리의 고관절 바로 위에 있는 것처럼 체축을 기울이고 좌우 어깨의 연장선상으로 팔을 뻗어 가능한 한 멀리서 릴리스를 하는 형태가 된다(사진 4-49).

1→4정리

1. '톱'에서 만들어진, 두 어깨와 위팔의 일직선의 관계는 체간 회전에 의해 그대로 투구 방향으로 이끌려 나와 릴리스까지 바뀌지 않는다. 따라서 '팔의 휘둘림'으로서 움직이는 것은 기본적으로 팔꿈치부터 손끝까지의 앞 팔 부분뿐이다.

2. 올바른 '톱'이 만들어졌을 때 공을 쥔 손은 체간 회전에 의해 일단 머리 뒤쪽에 남겨진 뒤에 팔꿈치 바로 뒤를 경유하여 두 어깨와 팔꿈치를 연결한 일직선 라인의 연장선상으로 휘둘려 나온다.

3. 체간의 회전동작을 리딩 암 쪽의 흉곽을 여는 움직임부터 시작할 때 리딩 암의 어깨는 팔을 휘두르고 싶은 각도와 반대 방향으로 진행된다.

4. 팔은 팔만으로 휘두르는 것이 아니라 체간의 회전에 의해 '휘둘려지는' 것이다. 따라서 절대로 팔꿈치를 앞으로 내밀려 해서는 안 된다. 팔이 체간의 회전에 이끌려 나오기를 기다리지 않고 직접 팔꿈치를 앞으로 내밀려 하는 순간 체간 회전동작과의 연동관계는 끊어져버린다.

5. 팔을 바로 위에서 휘두르는 것은 회전동작과 연동되는 것이 아니라 동체를 앞으로 접는 움직임과 연동되는 것이기 때문에 팔을 바로 위에서 휘두르려고 하면 반드시 몸이 열린다.

6. 리딩 암을 아래로 늘어뜨린 채 투구동작을 실행했을 때 체간 회전동작이 올바르게 이루어지고 팔의 휘둘림도 그 회전과 연동된다면 스로잉 암의 앞 팔은 팔로우 스루에서 반드시 리딩 암의 팔꿈치에 닿는다.

5. 손가락 걸치기의 중요성과 요구되는 힘

볼 릴리스 순간에 손가락이 확실하게 걸려 있는가 하는 것은 당연히 매우 중요한 포인트다. 예를 들어, 팔을 휘두르는 방법은 직구와 슬라

이더가 기본적으로 같지만 릴리스에서의 손가락을 걸치는 방법이 다르다는 이유만으로 구속에서 10km/h 이상의 차이가 발생한다.

이런 점에서 보면 같은 직구라고 해도 릴리스에서 손가락 끝을 걸치는 방법에 의해 10km/h까지는 아니더라도 구속에 상당한 차이가 발생한다고 볼 수 있다. 바꾸어 말하면 공이 '빠져 있는' 선수는 구속에서 상당한 손해를 볼 가능성이 있으며, 또한 손가락을 걸치는 데에 문제를 느끼지 않는 선수라고 해도 손가락을 걸치는 방법을 향상시키면 구속이 훨씬 빨라질 가능성이 있다는 뜻이다.

나아가 구속뿐 아니라 손가락을 걸치는 방법이 올바르게 향상되는 것만으로 공의 회전수 증가, 회전의 안정성, 방향의 안정성이 향상되면서 '끊어짐'이나 컨트롤도 좋아진다.

그렇다면 어떻게 해야 확실하게 손가락 끝을 걸친 릴리스를 할 수 있을까. 손가락을 걸치는 방법이 나쁠수록 공은 높이 '빠진' 상태에서 날아간다. 이것은 팔의 휘둘림에 '원심력'이 걸리지 않기 때문이다. 〈사진 4-50〉을 릴리스 순간이라고 한다면 공에는 위로 향하는 힘도 작용한다. 따라서 손가락 끝은 그 위로 향하는 힘에 대항해야 한다.

공에 작용하는 위로 향하는 힘은 구부러져 있는 손가락 끝을 펴는 방향으로 작용한다. 손가락 끝이 그 힘에 밀리면 공은 '빠지고', 견뎌낼 수 있으면 공에 목표를 향한 방향성과 안정된 회전을 줄 수 있다. 즉 손가락 끝에 요구되는 것은 악력의 강도나 손가락을 구부리는 힘이 아니라 (이것도 의미는 있지만) '잡아 펴는 힘을 견뎌내는 힘'이다(사진 4-51).

사진 4-50 공에 손가락을 걸치는 방법
사진 4-51 잡아 펴는 힘을 견디는 힘

6. 릴리스의 구조와 공을 쥐는 방식의 관계

릴리스에서는 두 개의 손가락이, 잡아 펴는 힘을 견뎌내는 방식으로 축적된 '탄성 에너지'(잡아 편 용수철이 강하게 돌아오는 것과 같은 성질)를 이용하여 손가락 끝으로 공을 긁게 된다. 매우 적은 움직임이지만 흔히 말하는 '딱밤 때리기'와 비슷한 구조다.

이 구조를 적절하게 이용하려면 두 개의 손가락을 고정시킬 수 있어야 한다. 두 손가락이 공의 힘을 견디지 못하고 펴져버린다면 공을 긁을 수 없고 '빠져' 버린다. 그 때문에 두 손가락은 릴리스 전부터 고정되어 잡아 펴는 힘에 대비해야 한다. 줄넘기의 두 번 넘기처럼 순간적으로 높이 도약하는 경우에는 무릎의 각도를 바꾸지 않고 발목을 보다 강하게 고정시켜 접지해야 하는 것과 비슷하며, 이것을 '예비 긴장^{豫備緊張}'이라고 부른다.

이 '예비 긴장'을 효과적으로 이끌어내기 위해 중요한 것은 공을 쥐는

방법이다. 즉 〈사진 4-52〉처럼 두 손가락 사이의 대각선에 엄지손가락 안쪽을 대고 공을 쥐어야 한다.

엄지손가락의 위치가 왜 중요한가 하는 것은 엄지손가락을 떼고 공을 쥐어보면 알 수 있다. 엄지손가락이 지탱하고 있을 때에는 힘을 거의 넣지 않아도 공이 두 손가락에 균등하게 닿아 있기 때문에 안정이 되며 손가락에 힘을 넣을 수도, 뺄 수도 있다. 그러나 엄지손가락의 지탱이 없으면 힘을 넣을 수도 없고, 뺄 수도 없다. 또 엄지손가락을 대고 있다고 해도 그 위치가 두 손가락 사이의 대각선에서 옆으로 벗어날수록 마찬가지 결과가 나온다. 즉 두 손가락의 힘을 충분히 이끌어내려면 그 두 손가락이 힘을 내려 하는 방향의 반대쪽에서 그 힘에 대항하여 똑바로 되밀어내는 지탱점이 필요한 것이다.

또 공을 움켜쥘 때 이 위치에서 엄지손가락 안쪽을 대는 것도 같은 이유에서다. 엄지손가락 안쪽으로 지지해야만 엄지손가락은 두 손가락 사이를 향하여 곧장 공을 밀어낼 수 있기 때문에 두 손가락에 균등하게 압력을 가할 수 있다. 만약 엄지손가락의 배 부분으로 공을 움켜쥐면 엄지손가락이 공을 지지하는 힘은 두 손가락 사이로 향하지 않는다.

이것은 관절의 구조적 문제로, 주먹을 움켜쥐고 집게손가락과 가운뎃손가락 사이에 엄지손가락을 통과시켜 보면 이해할 수 있다(사진 4-53). 엄지손가락의 배 부분은 가운뎃손가락 쪽을 향하고 있으며, 결코 손가락이 벌어진 부분을 향할 수 없다.

이처럼 두 손가락 사이의 대각선에 엄지손가락 안쪽을 대고 공을 움켜쥐면 힘을 넣지 않아도 안정감 있게 쥘 수 있으며, 약간의 힘만으로도 그 힘을 효율적으로 공에 전달하기 쉽다. 즉 움켜쥐는 방법이 안정되어 있기 때문에 그다지 힘을 넣지 않아도 두 손가락에 '예비 긴장'을 낳을 수 있고, '탄성 에너지'를 이용한 효과적인 릴리스를 이룰 수 있는 것이다.

흔히 릴리스 이후에 엄지손가락의 손톱이 집게손가락이나 가운뎃손가락을 찌르는 선수가 있는데, 그것은 이렇게 움켜쥔 상태에서 공이 떠난 순간에 '예비 긴장' 상태가 해제되어 손가락이 용수철처럼 급격하게 닫혀버리기 때문에 발생하는 현상이다.

올바르게 공을 쥐는 방법이 이런 것이라는 점에 대해서는 모든 야구 입문서에 씌어 있기 때문에 굳이 설명할 필요도 없지만, 이 자세가 갖추어져 있지 않은 선수들이 뜻밖으로 많이 있다. 〈사진 4-53〉처럼 집게손가락 아래에 엄지손가락의 배 부분을 대고 움켜쥐는 선수들이 많은 것이다.

엄지손가락이 두 손가락의 대각선 방향에 있는 경우와 집게손가락

사진 4-54 집게손가락, 가운뎃손가락과 엄지손가락의 관계

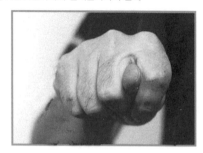

아래에 있는 경우는 양쪽의 사진(사진 4-52, 53)에서 볼 수 있듯 공에 그은 세로 선의 각도가 약간 다를 뿐 폼에는 문제가 없어 보이지만, 이 차이가 릴리스 때 손목의 각도에 미묘한 차이를 발생시키면서 공의 회전 각도에 차이를 낳는다.

엄지손가락이 두 손가락의 대각선에 있는 경우에는 손목이 회내(오른손 투수라면 반 시계 방향으로 비틀려 돌아가는 움직임)되기 쉽고, 릴리스 때 손목이 똑바로 '서게' 될 가능성이 높다. 이것에 의해 팔의 휘둘림이 두 어깨선의 연장선상으로 뻗는다고 해도 릴리스에서의 공을 끊는 각도는 세로에 가까워진다(사진 4-55). 반대로 엄지손가락이 집게손가락 아래에 있는 경우에는 손목이 회외(오른손 투수라면 시계 방향) 방향으로 '눕기' 쉬워지며(사진 4-56), 손목이 '눕는다'는 것은 직구가 슈트shoot 회전을 하는 한 가지 원인으로 작용한다.

또 〈사진 4-57〉처럼 엄지손가락을 구부려서 움켜쥐는 선수도 흔히 있다. 이 방식도 두 손가락 사이의 대각선에 엄지손가락 안쪽을 대고 지탱하고 있다는 점에서는 마찬가지이지만, 조금이라도 더 손가락을 잘

사진 4-55 공을 움켜쥐는 방법과
릴리스 때의 손목 각도의 관계
(사진 4-52처럼 움켜쥐었을 경우)

사진 4-56 공을 움켜쥐는 방법과
릴리스 때의 손목 각도의 관계
(사진 4-53처럼 움켜쥐었을 경우)

걸치려면 엄지손가락을 구부리고 움켜쥐는 것이 약간 더 유리하다.

그 이유는 엄지손가락을 편 경우와 구부린 경우에서 각각 두 손가락을 펴려고 해보면 이해할 수 있다. 엄지손가락을 편 경우에는 간단히 두 개의 손가락이 펴지지만(사진 4-58), 구부린 경우에는 펴기 어렵다(사진 4-59). 엄지손가락을 구부리면 두 손가락에도 굽혀지려는 작용이 가해지기 때문이다. 즉 엄지손가락을 구부리고 움켜쥐는 쪽이 릴리스에서 두 손가락을 잡아 펴려는 힘이 작용하더라도 구부린 상태가 자연스럽게 고정되기 쉽다.

〈사진 4-51, 60〉처럼 두 손가락에 잡아 펴는 저항을 걸어보면 좀 더

사진 4-57 엄지손가락을 구부리고
움켜쥐는 방법

사진 4-58 엄지손가락을 편 경우
(손가락이 펴져 있다)

분명하게 이해할 수 있는데, 저항을 거는 순간 무의식중에 엄지손가락
은 구부러진 상태가 되어 있을 것이다. 두 손가락을 구부린 채 고정해
두는 것과 엄지손가락을 구부려두는 것은 손의 구조상 공동관계에 놓여
있는 것이다.

　다만 릴리스 때 공을 '집는다'는 이미지를 가지고 있는 선수가 있듯,
엄지손가락을 펴고 움켜쥐는 선수라 해도 릴리스 순간에 엄지손가락이
두 손가락 쪽으로 공을 밀어붙이는 작용을 하기 위해 자연스럽게 구부
러지기도 한다. 따라서 처음에 공을 움켜쥐는 단계에서는 엄지손가락
을 펴고 있는 선수도 있고, 구부리고 있는 선수도 있다. 무리해서 엄지
손가락을 구부리려고 하다가 팔 전체에 힘이 들어간다면 팔의 휘둘림에
이상이 생긴다. 그러니까 최소한 '두 손가락 사이의 대각선에 엄지손가
락 안쪽을 대어 지탱점을 만든다'는 점만 염두에 두고 엄지손가락을 구
부릴 것인지, 펼 것인지는 시험을 해본 뒤에 보다 편한 쪽을 선택하면
된다.

사진 4-59 엄지손가락을 구부린 경우
(손가락을 펴기 어렵다)

사진 4-60 잡아 펴는 저항을 거는 방법

7. 릴리스와 손목 움직임의 관계

릴리스에서의 '예비 긴장'이나 '탄성 에너지'를 이용하는 방법은 손가락 끝으로 공을 긁는 것뿐 아니라 손목에 관해서도 같은 설명을 할 수 있다. 흔히 '스냅을 살린다'고 하는데 손목도 크게 움직이는 것보다는 고정되어 있는 쪽이 순간적으로 공을 긁는 힘을 발휘하기 쉽다.

팔을 바로 위에서 세로로 휘두르는 선수나 팔꿈치를 앞으로 내밀려 하는 선수, 투구 방향을 향하여 공을 빨리 보내려는 선수에게서 흔히 볼 수 있는 것이 〈사진 4-61〉처럼 손목을 배굴 상태(손등 쪽으로 꺾어진 상태)에서 장굴(손바닥 쪽으로 꺾어진 상태)시키는 동작이다. 이런 식으로 팔을 휘두르는 선수는 상체를 투구 방향으로 향한 뒤에 팔의 휘둘림을 강화하기 때문에 구속을 가속하는 거리를 충분히 만들 수 없고, 그 부족한 가속거리를 조금이라도 보충하기 위해 손목을 배굴시키는 수밖에 없다. 이래서는 앞 팔의 '예비 긴장'이나 '탄성 에너지'를 적절하게 이용

사진 4-61 손목의 잘못된 움직임(배굴)   사진 4-62 손목의 잘못된 움직임(장굴)

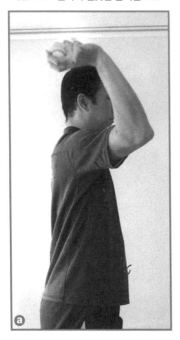

할 수 없기 때문에 공을 강하게 긁을 수 없다. 또 손목을 되돌리는 타이
밍이 늦어지면 손목이 구부러져 배굴된 상태로 릴리스를 맞이하게 되어
'빠지는 공'을 던지게 된다.

　본질적으로 팔은 출력하는 부분이 아니라 전달하는 부분이기 때문
에 가장 약한 손목은 가능하면 움직이지 말고 처음부터 끝까지 곧게 고
정시켜야 출력이 높아진다(사진 4-63). 스냅을 살려 손목을 움직이고 있
는 것처럼 느끼는 이유는 손목을 고정시켜도 릴리스 직전의 잡아 펴는
힘을 견디기 위해 손목에 약간 강제적인 배굴 현상이 발생한다는 것과,
거기에서 발생한 '예비 긴장'이 릴리스에서 해방되어 약간 장굴된 감각

사진 4-63 톱에서 릴리스까지의 손목의 움직임(똑바로 고정되어 있다)

이 느껴지기 때문이다.

앞에서 '예비 긴장'에 의해 발생한 '탄성 에너지'를 이용하는 예로 줄넘기의 두 번 넘기를 들었는데, 손목이나 발목 같은 최종적으로 힘을 전달하는 말단 부분에서는 고속으로 움직이는 상황에서 매우 짧은 시간에 힘을 발휘해야 하기 때문에 미리 힘을 내서 고정시켜 두었다가 잡아 펴는 힘에 대응하여 되돌아오는 듯한, 용수철 같은 출력 방식이 사용되는 것이다.

리스트wrist나 스냅이라고 하면 손목의 움직임만을 연상하는데 실제로 사용되는 것을 보면 팔꿈치에서 손끝 부분 전체가 리스트나 스냅 부분에 해당한다. 이런 의미에서 보면, '스냅 스로snap throw'(손목의 힘만을 이용해 공을 재빠르게 던지는 동작)도 '손목의 움직임을 중심으로 던지는' 것이 아니라 테이크 백을 크게 형성한 '풀 암 스로full arm throw'에 대해 테이크 백을 최소한으로 하여 직접 '톱'으로 이행하여 던지는 '시간단축형' 투구 방법일 뿐이며, 그 차이는 테이크 백의 크기뿐이다. 그렇기 때문에 '스냅 스로'는 투구동작의 쓸데없는 부분을 배제하고 본질적인 부분만을 남긴 투구 방법이며, 투구동작의 기본은 오히려 '스냅 스로'에 있다. 야수이건 투수이건 기본은 마찬가지다.

5→7 정리

1. 릴리스에서의 손가락 끝을 걸치는 차이만으로 10km/h 정도의 구속 차이가 발생할 수 있다.
2. 릴리스에서는 손가락 끝에 '잡아 펴는 힘을 견디는 힘'이 요구된다.
3. 공을 움켜쥐는 방법은 두 손가락 사이의 대각선에 엄지손가락 안쪽을 대는 것이다.
4. 엄지손가락을 구부려 공을 움켜쥐면 두 손가락을 고정시키는 힘이 강화된다.
5. 팔은 출력 부분이 아니라 전달 부분이기 때문에 가장 약한 손목은 가능하면 움직이지 말고 똑바로 고정시켜야 출력이 강해진다.

투구동작의
총괄

5

제 장

1. 사이드 스로와 언더스로의 메커니즘

1. 투구동작에 요구되는 신체 사용 방법 정리

사이드 스로, 언더스로라고 해도 '병진운동'에서 '회전운동'을 실행, 체간의 회전을 이용해서 팔을 휘두르는 데에는 변함이 없고, 팔이 나가는 각도가 어떻게 바뀌건 에너지를 효과적으로 전달하기 위해 필요한 신체 사용 방법의 기본적인 구조는 지금까지 설명해 온 오버스로와 같다.

사이드 스로, 언더스로의 〈연속 사진 5-1~4〉를 참고하여 투구동작에 요구되는 신체 사용 방법의 중요사항을 미리 복습해두자.

우선 다리를 들어올린 이후부터 내리기 전까지 축각 고관절을 매끄럽게 끌어들이면서 축각을 투구 방향으로 기울여 중심(허리)을 약간 투구 방향으로 진행시킨 '오프 밸런스' 상태로 이행하는 동시에 상체에는 어깨 너머로 투구 방향을 바라보고 머리를 뒤쪽(센터 방향)에 남기는 '에이밍' 각도를 갖춘다(사진 5-1, 2의 각 a~d).

이어서 축각의 기울기를 심화시키면서 뒤쪽(등 방향)으로 걸터앉듯 중

사진 5-1 투구동작(사이드 스로)

심을 가라앉히고 내딛는 다리를 축각의 움직임에 약간 뒤처져 축각을
따라가듯 내리면서 '오프 밸런스' 상태를 강화하여 중심의 자연낙하를
계기로 삼는 스텝 동작으로 이행해간다(사진 5-1, 2의 각 d~f).

다리를 내린 단계에서 축각은 강하게 기울어져 있고, 중심은 이미 슬
로프 모양으로 내려가 투구 방향으로 이동을 시작하고 있지만, 내딛는
다리는 축각의 발끝 부근에 남겨진 채 아직 투구 방향으로의 이동을 시

사진 5-2 투구동작(사이드 스로)

작하지 않고 있다. 그리고 기울어진 축각은 굴곡 상태에서 투구 방향을
향한 신전동작으로 자동전환되면서 착지를 맞이하기 전에 충분히 뻗는
다. 이것은 중심(허리)의 이동을 더욱 가속화하며, 그 허리의 이동에 내딛
는 다리가 뒤따라 이끌려 나오도록 하기 위해서다(사진 5-1, 2의 각 f~h).

두 다리가 이런 타이밍으로 움직이면 스텝은 '오프 밸런스'를 살려 축
각 주도로 이루어지고, '병진운동'에 최대의 거리와 파워를 줌과 동시에

사진 5-3 투구동작(언더스로)

축각 고관절을 뒤쪽으로 충분히 끌어당겨 스텝 동작으로 이행하면 축각 고관절은 착지 직전까지 투구 방향으로 직선적으로 이동하고 골반에는 회전이 발생하지 않아 그 위에 얹혀 있는 상체도 착지까지 '에이밍' 각도가 바뀌는 일 없이 그대로 평행 이동한다(사진 5-1, 2의 각 d~h).

스텝을 밟을 때에 고관절을 충분히 끌어당기는 이유는 '병진운동'뿐 아니라 '회전운동'에도 중요하다. 축각 고관절을 뒤꿈치보다 뒤쪽(등 쪽)

사진 5-4 투구동작(언더스로)

에서부터 진행시키면 내딛는 다리도 고관절이 뒤쪽으로 끌어당겨진 상
태에서 착지를 맞이하게 된다. 이 착지에 의해 엉덩이부터 허벅지 뒤쪽
의 근육이 강하게 움직이면서 골반 회전의 지탱점으로서 필요한 다리
가 고정된다. 또 골반의 회전에 있어서는 축각 쪽의 허리를 직진에 가
장 가까운 궤적을 통과해서 투구 방향으로 진행시킬 수 있기 때문에 보
다 작은 회전 반경으로 날카롭게 골반을 회전시킬 수 있다(사진 5-1, 3의
각 f~k).

사진 5-5 오버스로의 투구동작(투구하는 쪽의 골반을 들어서 돌린다)

착지에서는 힘차게 진행해 온 '병진 에너지'를 착지한 다리가 순간적으로 받아내면서 그 뿌리 부분인 고관절을 축으로 삼아 골반이 회전을 시작한다. 그 타이밍에서 상체의 '에이밍' 각도를 유지, 팔꿈치(견갑골)를 어깨 높이에서 등 쪽으로 끌어당긴 테이크 백의 '톱'으로 이행하면 허리의 회전에 상체의 회전이 뒤따르면서 팔이 뒤따라 이끌려 나오기 위한 준비가 갖추어진다(사진 5-1~4의 각 h, 사진 5-5 a).

그 이후 팔의 휘둘림은 팔부터 먼저 앞으로 나오는 것이 아니라 팔을 '톱'의 위치로 끌어당겨 남겨둔 상태에서 '리딩 스크롤'부터 시작되는 리딩 암 쪽의 흉곽을 열어가는 움직임과 착지한 다리의 고관절을 축으로 삼은 골반의 회전동작부터 먼저 움직이기 시작하여 체간의 회전을 이용해서 팔을 이끌어낸다. 그 결과 팔은 팔꿈치가 '톱'에서의 위치와 마찬가지로 두 어깨를 연결한 라인의 연장선상에 위치해 있는 상태에서 이끌려 나오고, 공을 쥔 손은 일단 머리 뒤쪽에 남겨졌다가 팔의 '휘어짐'이라고 불리는 상태를 경유하여 원심력에 의해 두 어깨부터 팔꿈치 라인의 연장선상으로 휘둘려 나오게 된다(사진 5-1~4의 각 h~j, 사진 5-5).

체간의 회전동작과 연동하여 팔이 휘둘리는 구조는 오버스로에서 언더스로까지 모든 합리적 투구동작에 공통되는 절대적인 기본원리다. 가슴과 체간의 위치관계는 모든 투구동작에서 마찬가지이며, 팔의 각도를 바꾸는 것은 팔 자체가 아니라 체간의 기울기 각도다. 그리고 그 체간의 기울기 각도에 차이를 낳는 근원에는 골반 회전 각도의 차이가 존재한다. 즉 골반을 돌리는 방법은 오버스로에서는 투구 쪽을 올리고(사진 5-5), 사이드 스로에서는 수평으로(사진 5-1 h~j), 언더스로에서는 투구 쪽을 내려서 돌린다(사진 5-3 h~j)는 것이다. 골반의 이런 움직임은 고관절을 축으로 삼은 골반의 회전력을 팔을 휘두를 때에 남김없이 살리기 위해 빼놓을 수 없는 동작이다.

이때 오버스로에서는 리딩 암 쪽의 흉곽을 열어가는 움직임에 체간의 측굴側屈. lateroflexion(옆으로 굽힘)도 첨가되어 스로잉 암 쪽 어깨를 투구 방향으로 직선으로 이끌어내어 가장 짧은 시간에 그 어깨를 투구 방향으로 진행시킬 수 있다. 오버스로가 스피드 볼을 던지는 데에 유리한 것은 이 때문이다.

피니시에서 〈사진 5-1~4의 각 i〉처럼 착지한 다리 하나에 올라타는 듯한 움직임이 발생하는 것은 중심이 멀리 돌지 않고 투구 방향으로 곧장 진행했다는 증거이며, 파워 있는 '병진운동'의 힘을 착지한 다리가 충분히 받아내어 골반이 날카롭게 회전하면서 그 회전에 상체와 팔이 뒤따라 이끌려 나오는 올바른 연동작용이 이루어진 결과다. 팔의 휘둘림이 회전동작에 뒤따라 이끌려 나올수록 체간은 한계까지 회전하며 체중도 충분히 내딛는 다리에 실리기 때문에 그 힘을 받아내기 위해 작용한 전근殿筋(엉덩이 근육)의 강력한 힘의 여력에 의해 내딛는 다리가 뻗으면서 펄쩍 뛰어오르는 듯한 역동적인 움직임이 발생하는 것이다.

만약 팔이 체간의 회전을 추월하는 듯한, 팔의 힘에 의지하여 휘둘려진다면 연동의 순서를 추월한 골반은 충분히 회전하지 못하게 되고, 골반의 회전이 불충분할수록 축각은 지면에서 약간만 떨어지게 되며, 경우에 따라서는 플레이트 부근에 남겨지기도 한다.

2. 언더스로 특유의 메커니즘

언더스로가 오버스로나 사이드 스로와 다른 것은 다리를 들어올린 이후부터 축각을 접지 않고 다리를 내리며(엄밀하게는 다리를 올렸을 때의 체간과 그 다리와의 관계를 유지한 채 상체를 앞으로 쓰러뜨리면서 다리가 내려온다. 사진 5-3, 4의 각 b~d), 그 다음에 '오프 밸런스' 상태로 이행한다는 것(사진 5-4 e, f), 그리고 그 다리를 내리는 위치가 축각과는 겹치지도 교차하지도 않고 축각 옆(투구 방향 쪽)에 나란히 갖추어지는 쪽에 가깝다는 것이다(사진 5-3의 각 d, e).

그러나 이것은 상체에 '에이밍' 각도를 갖추고 스텝으로 이행한다는 기본원칙에서 보면 다른 투구 방법과 다르지 않다. 언더스로에서는 앞으로 기운 자세를 먼저 준비하는 것이 중요한데, 그 앞으로 기울인 자세는 이후의 '오프 밸런스' 형성이나 골반(축각 고관절)의 직진, 날카로운 골반 회전 등을 위해 단순히 상반신을 앞으로 접는 것이 아니라 그와 동시에 허리(고관절)를 뒤쪽(등 쪽)으로 끌어당겨야 하기 때문에 축각을 접거나 다리를 내리기 전에 '오프 밸런스'로 이행하거나 다리를 축각과 교차시키듯 내리는 것 등은 방해만 된다.

언더스로에서도 상체에 '에이밍' 각도를 먼저 갖춘 다음에 그 상태를 착지까지 평행 이동시키는데(사진 5-3, 4의 e~h), 착지 시점에서는 오버스로나 사이드 스로와 비교할 때 어느 정도 열려 있다는 것을 알 수 있다.

이것은 앞으로 기울이는 자세가 깊을수록 착지했을 때 상체가 '진입'하기 쉽도록 하기 위해서다. 그러나 효과적인 연동을 위해서는 '병진운동' 중에는 '열림'을 억제하고 착지한 뒤에 단번에 '회전운동'으로 이행하는 것이 중요하다는 점에서는 다르지 않기 때문에, 언더스로에서는 착지 시점에서 축각을 뻗으면서도 충분히 어깨가 들어간 〈사진 5-6〉과 같은 자세를 취하여 오버스로나 사이드 스로와 비슷한 정도의 '에이밍' 깊이를 유지하는 것이 특히 중요한 포인트가 된다. 물론 이 자세에서도 리딩 암 쪽의 흉곽을 열어가는 움직임이나 골반 회전이 리드가 되어 팔을 이끌어내어야 한다. 따라서 언더스로는 다른 투구 방법보다 높은 유연성이 필요한 투구 방법이다.

또 앞으로 기울인 자세를 취한다는 것은 중심이 앞으로 기울어지기 쉽다는 의미이기도 하다. 앞으로 기울어지면 골반이나 어깨는 멀리 돌

사진 5-6 언더스로의 착지 자세 포인트(어깨가 충분히 들어가 있다)

사진 5-7 언더스로의 잘못된 착지 자세
(허리가 들어가지 않았다)

사진 5-8 언더스로의 착지 자세 포인트
(허리가 들어가 있다)

기 때문에 그런 현상을 방지하고 날카로운 회전동작을 이끌어내어 모든 힘을 투구 방향으로 집중시키기 위해서는 〈사진 5-7〉과 같은 자세가 아니라 〈사진 5-8〉처럼 허리를 뒤쪽으로 끌어당긴 착지 자세가 갖추어 져야 한다. 그 착지 자세에서 뒤쪽의 허리가 멀리 돌지 않고 투구 방향 으로 직선적으로 진행, 골반의 날카로운 회전을 위해 내전근의 조임이 충분히 작용하면 〈사진 5-3의 i~k〉처럼 골반이 회전할 때에 내딛는 다

리가 비스듬히 기울어지고 릴리스 이후에 축각이 일단 뒤꿈치 방향으로 벗어나는 움직임이 나타난다. 팔의 각도가 어떤 경우이건 투구 방법에서는 날카로운 골반 회전을 이끌어내기 위해 내전근이 사용되는데, 언더스로에서는 체축이 3루 쪽으로 기울어지기 때문에 축각은 그 체축이 지면을 향하는 1루 쪽 방향을 향하여 벗어나는 것이다.

2. 투구동작 4개 조항

1. 투구동작 구조의 본질

다시 한 번 투구동작에서의 에너지 전달과 관련된 기본적인 구조를
설명하기로 한다.

먼저 스텝을 이용한 투구 방향으로의 '병진운동'을 실행하고 착지에
서 '병진 에너지'를 받아내어 '회전운동'으로 전환, 체간의 회전을 통해
서 팔을 휘두른다. 팔의 휘둘림은 팔 자체에서 이루어지는 것이 아니라
체간의 회전과 세트로 이루어지는 것이기 때문에 착지 후의 '회전운동'
에서 팔을 휘두르는 국면이 '던진다'는 행위 그 자체의 주요 국면이 된
다. 스텝은 주요 국면에 보다 큰 에너지를 첨가해주는 '도움닫기', 즉 보
조 국면이다.

효과적인 투구동작을 갖추려면 이 주요 국면인 '체간 회전을 이용해
서 팔을 휘두른다'는, 체간의 움직임과 팔의 휘둘림의 연동을 잘 이끌어
내야 한다. 거기에 '병진운동'의 '도움닫기'를 첨가해 보다 폭발적인 동

작으로 만든다.

'체간의 회전을 이용해서 팔을 휘두른다'는 주요 국면의 연동작용을 올바르게 실행하려면 체간의 회전을 보다 효과적으로 만드는 것과, 회전에 의해 발생하는 힘이 최대한 팔에 전달될 수 있는 팔의 위치가 중요하다. 체간 회전동작의 근원은 내딛는 다리의 고관절을 축으로 삼는 골반의 회전이다. 그리고 체간의 회전력을 남김없이 팔에 전달하려면 팔꿈치를 어깨 높이에서 접어 등 쪽으로 끌어당긴 테이크 백의 '톱'의 위치가 갖추어져야 한다.

즉 '톱'으로 끌어당긴 팔을 내딛는 다리의 고관절을 축으로 삼는 골반 회전을 이용해서 투구 방향으로 이끌어내어 '휘두른다'(사진 5-9)는, 팔과 골반의 관계를 마스터하는 것이 효과적인 투구동작을 갖추기 위한 기본 중의 기본으로서 가장 중요하다. 골반의 회전동작에 고관절이 충분히 대응하지 않거나 팔이 체간의 회전과 관계없이 움직여서는 다른 동작을 아무리 개선한다고 해도 커다란 효과는 바랄 수 없다.

그리고 이 '톱'에 있는 팔이 골반의 회전에 '휘둘려진다'는 동작 전에 옆으로 한 걸음 내딛는 방법으로 기세를 첨가하면 투구동작의 기본적인 구조는 거의 완성된다.

보충을 한다면, 팔의 휘둘림에 체간의 회전동작을 충분히 살리려면 착지할 때 상체에는 어깨 너머로 투구 방향을 바라보고 머리를 뒤쪽에 남겨두는 '에이밍' 자세가 만들어져 있어야 한다. 그리고 이 '에이밍' 자세는 착지 시점에서 갑자기 만들 수는 없기 때문에 스텝 동작을 시작하기 전에 미리 준비해두었다가 스텝을 밟을 때에 그대로 착지까지 가져

사진 5-9 골반의 회전과 연동한 팔의 휘둘림

가야 한다.

이상을 동작의 흐름의 순서대로 조합하면 "상체에 만든 '에이밍' 자세를 착지까지 유지한 상태에서 힘차게 한 걸음 내디디고 착지에서 '톱'을 만들어 고관절에서의 골반 회전을 이용하여 팔을 휘두른다"는 것이 된다. 투구동작에서 본질적으로 중요한 것은 이것뿐이며 매우 단순하다.

실제로 선수의 동작을 개선하는 경우에 꽤 세밀한 동작의 구조까지 설명하면서 진행한다. 물론 각자의 이해력에 맞추어 돌려서 말하거나 내용의 깊이를 바꾸기도 하지만 설사 초등학생이라고 해도 충분히 이해할 수 있는 내용이다. 동작의 구조에 관해서 굳이 이렇게 세밀하게 설명하는 이유는 동작을 정확하게 이해해야 실력이 향상되고 빨리 자립할

사진 5-10 **투구동작의 일련의 흐름**

수 있기 때문이다.

그러나 그 반면에, 지도의 마지막 단계에서는 그 세밀한 내용들을 통합한 전체적인 구조를 가능하면 단순하게 압축하여 마무리 짓기도 한다. 그 이유는 너무 세밀하게 설명하다 보면 그것이 기본적인 동작에서 '벗어난 것'이라는 선입관을 가질 수 있기 때문이다. 즉 정말 중요한 것은 '전체'의 구조이며, 그것을 실현하기 위한 '부분'으로서 몇 가지 세밀한 관절 사용 방법이 존재하는 것이다.

전체적인 구조로서 지향해야 할 동작을 4가지 포인트로 구분하여 '투구동작 4개 조항'이라고 부르며, 모든 선수는 항상 마음에 새겨두어야 한다. '투구동작 4개 조항'은 투수의 피칭 동작뿐 아니라 내야수, 외야수, 포수의 포구捕球(공을 받는 것)와 송구의 흐름 속에서의 스로잉 동작 등 모든 투구동작에 공통된다.

2. 투구동작 4개 조항

❶ 스텝 동작을 시작하기 전에 상체에 '에이밍' 자세를 만든다(사진 5-10 a~c).

❷ 상체에 만든 '에이밍' 자세를 착지까지 전혀 바꾸지 않고 가능하면 힘차게 평행 이동시킨다(사진 5-10 c~h).

❸ 착지를 맞이하는 타이밍에서 테이크 백의 '톱'을 만든다(사진 5-10 h).

❹ '톱'에 있는 팔은 팔만을 이용해서 앞으로 내밀려 하지 말고 고관

절에서의 골반 회전을 이용해서 휘둘러야 한다. 즉 체간의 회전을 이용하여 팔을 휘둘러야 한다(사진 5-10 h~l).

● 4개 조항 _ '에이밍' 자세를 만든다

어깨 너머로 투구 방향을 바라보고 머리를 뒤쪽에 남겨두는 상체의 '에이밍' 자세는 착지를 맞이할 때 특히 중요하다. 그 이유는 착지 이후의 체간의 회전동작을 팔의 휘둘림에 충분히 살리기 위해서이며, 또한 투구 방향으로의 '가속거리'를 길게 잡기 위해서다. 하지만 그 자세는 착지 직전에 갑자기 만들 수 없기 때문에 스텝을 시작하기 전에 미리 준비하고, 그 상태를 그대로 옮겨야 한다.

상체에 '에이밍' 자세를 준비하는 타이밍은 최소 〈사진 5-10 e〉의 중심을 가라앉히는 시점까지만 만들면 착지에는 문제가 발생하지 않는다. 그러나 상체를 축각 쪽으로 기울이는 움직임은 '오프 밸런스'를 살린 효과적인 스텝 동작으로 이행하는 데에 매우 중요한 역할을 하며, 또한 중심을 가라앉히면서 상체에 기울기를 만들려고 할 경우 거기에서 발생하는 상체의 흔들림은 중심을 가라앉히는 움직임과 동시에 시작되는 테이크 백 동작에서의 두 팔의 움직임에 불필요한 외부의 힘을 끼치게 되기 때문에 마이너스가 된다. 따라서 상체의 '에이밍' 자세는 '다리를 들어올린 이후부터 내리기 직전까지' 만드는 것이 바람직하다.

● 4개 조항_ 힘차게 평행 이동한다

이것은 스텝 동작에서의 국면이다. '평행 이동'이라는 것은, 스텝을 시작하기 전에 상체에 만들어둔 '에이밍' 자세는 착지할 때에 필요한 것이기 때문에 그것을 열거나 비틀거나 진입시키거나 굽히거나 젖히지 말고 그대로 유지한 상태로 착지까지 그대로 옮겨간다는 뜻이다. '가능하면 힘차게'라는 것은 스텝 동작의 역할이 착지 이후의 '체간의 회전을 이용해서 팔을 휘두른다'는 동작에 보다 큰 '병진 에너지'를 주는 '도움닫기'이기 때문이다.

이처럼 스텝 동작에서 하반신에 발생하는 일은 중심을 투구 방향으로 힘차게 옮기는 것과 착지까지 '열리지 않는' 것이라는 두 가지다. 그렇게 하려면 축각 고관절의 인입이나 '오프 밸런스' 이용, 축각이 주도하는 스텝의 실현 등 꽤 세밀한 동작을 습득해야 한다. 그러나 그런 세밀한 동작을 통해서 실현하려는 목적에서 보면 '상체의 각도를 바꾸지 않고 힘차게 평행 이동시킨다'는 것뿐이기 때문에 세밀한 것들은 제외하더라도 우선 이것을 이해하고 달성하기 위해 노력해야 한다.

● 4개 조항 _ '톱'을 만든다

체간의 움직임에 의해 발생하는 힘을 남김없이 팔에 전달하려면 체간의 회전동작이 시작되기 전까지 팔꿈치를 어깨 높이에서 등 쪽으로 끌어당긴 테이크 백의 '톱'으로 이행되어야 한다.

그 '톱'으로의 이행이 착지를 맞이하는 타이밍이어야 하는 이유는, 골반의 회전이 시작되는 착지 타이밍에 맞추어 팔을 '톱'으로 끌어당기는 것에 의해 골반의 방향과 상체의 방향에 비틀림이 발생, 그것이 체간의 회전에 팔이 뒤따라 이끌려 나오도록 하기 위한 준비과정이기 때문이다.

사진 5-11 스로잉 암을 착지까지 직진시킨다

사진 5-12 회전운동 때의 스로잉 암의 어깨의 직진

또 이 '톱'에서 팔꿈치를 등 쪽으로 확실하게 끌어당기면 스로잉 암의 어깨는 스텝을 밟는 도중과 착지까지 투구 방향을 향해서 직선으로 이동시킬 수 있다(사진 5-11). 스텝 국면에서 '상체를 평행 이동'시킬 때에는 사실 이 스로잉 암의 어깨를 직진시키는 것이 가장 중요하다. 그 이유는 스로잉 암의 어깨가 회전 방향으로 움직이지 않도록 등 쪽으로 끌어당기고 있는 동안에 리딩 암의 어깨(흉곽)부터 먼저 열리면서 '회전운동'에서도 스로잉 암의 어깨를 투구 방향으로 직선적으로 이끌어낼 수

있기 때문이다(사진 5-12).

'회전운동' 때에 어깨가 멀리 돌지 않고 직진에 가깝게 이동할수록 투구 방향으로의 어깨의 이동속도는 빨라지며, 그 어깨에 의해 이끌려 나오는 팔의 휘둘림도 당연히 빨라진다. 나아가 팔이 이끌려 나가는 힘의 벡터vector(크기와 방향으로 정해지는 양)가 투구 방향으로 곧장 향하기 때문에 컨트롤도 안정된다. 효과적인 투구동작을 보면 〈사진 5-10 c〉의 상체에 기울기 각도를 갖춘 시점에서부터 〈사진 5-10 k〉의 릴리스까지 스로잉 암의 어깨는 투구 방향으로 줄곧 거의 직선으로 나아가고 있다.

● 4개 조항 _ 체간의 회전을 이용해서 팔을 휘두른다

이것은 투구동작의 기본이면서 가장 중요한 부분이기 때문에 '투구동작 4개 조항'으로서 단순하게 전달하는 경우에도 "체간의 회전을 이용해서 팔을 휘두른다"는 말을 하기 전에 "'톱'에 위치해 있는 팔을 절대로 팔만을 이용해서 앞으로 내밀려 하지 말고 내딛는 다리의 고관절을 축으로 삼는 골반의 회전이나 리딩 암 쪽 어깨(흉곽)의 리드로"라는 말을 첨가하여 좀 더 구체성을 띠는 게 좋다. 다만 리딩 암 쪽 어깨의 리드에 관해서는 따로 전달하는 경우와 전달하지 않는 경우가 있다. 그 이유는 원래 '팔만으로 던지는' 경향이 강하고 리딩 암을 효과적으로 사용하지 못하는 선수가 이 부분을 지나치게 의식하면 오히려 고관절의 회전에 방해가 되는 경우가 있기 때문이다.

이상과 같은 '투구동작 4개 조항'은 모두 "어떤 관절을 어떻게 움직

여야 하는가"와 같은 세밀한 부분 내용이 아니라 전체적인 동작의 흐름 속에서 자연스럽게 이미지를 그릴 수 있는 것들이다.

지금까지 전달해 온 세밀한 신체 사용 방법들은 모두 이 네 가지의 포인트를 보다 효과적으로 실현하기 위한 것이기 때문에 그 세밀한 동작들을 이해하기 전에 전체적인 흐름으로서 무엇이 중요한지를 먼저 이해해야 할 필요가 있다. 세밀한 신체 사용 방법을 즉시 갖출 수는 없더라도 전체적으로 중요한 포인트를 이해하고 그것을 갖추기 위해 끊임없이 노력해야 한다. 충분히 이해하고 실행하기 위해 노력하는 것과 아무것도 모르는 상태에서 자신만의 방식을 되풀이하는 것은 커다란 차이가 있다. 갖추려 하면 거기에 맞추어 몸이 점차 변해가기 때문이다.

우선 이 네 가지 포인트들을 실행해 본 뒤에 도저히 뜻대로 되지 않을 때 세밀한 신체 사용 방법을 하나하나 검증해보고 불가능한 원인을 찾아 연습을 하면 된다.

또 이 '투구동작 4개 조항'은 투구동작에서의 구조의 본질을 찌르는 것이기 때문에 매일 체크 항목으로 설정해두는 것이 좋다. 컨디션이 나빠졌을 때에는 반드시 이 네 가지 중의 어느 한 가지, 또는 두세 가지가 무너져 있을 것이다.

저자의 말

이 책은 『베이스볼 클리닉baseball clinic』(베이스볼 매거진 사 발간)에 연재했던 '베이스볼 키네틱 트레이닝baseball kinetic training'(2005년 10월호~2009년 4월호: 전 43회)의 내용에서 투구동작의 구조에 관하여 해설한 부분을 발췌, 정리한 것이다.

이 책의 목적은 신체운동의 구조를 통하여 투구동작의 구조를 설명하려는 것이다. 신체를 효과적으로 사용하는 방법은 어떤 것이며, 그것은 왜 효과적이고, 어떤 방식으로 이루어지는가. 또 신체를 사용하는 바람직하지 못한 방법은 어떤 것이며, 그것은 왜 바람직하지 못하고, 무슨 이유에서 그런 동작을 취하게 되는 것인가. 이런 의문에 대하여 '근거'와 '원인과 결과'에 해당하는 부분을 세밀하게 분석, 논리적으로 설명하기 위해 최대한 힘을 기울였다.

따라서 과거에는 볼 수 없었던 구체적인 기술해설 서적일 것이다. 처음 듣는 이야기도 등장할 수 있겠지만, 이 책에서 설명하고 있는 동작의 구조야말로 야구의 '기본'이다. 수준과 관계없이 초등학생이건 프로이건 인간의 기본적인 골격을 갖춘 사람들이 효율적으로 공을 던지거나 타격하기 위한 공통사항이기 때문이다.

누구나 "기본이 중요하다"고 말하지만 현재의 야구계는 '기본'이 무엇인지에 관해서조차 공통적인 이해가 전혀 이루어지지 않은 채 1백 년 이상의 세월이 흘렀다. 야구는 기술적인 측면이 매우 중요한 경기다. 그리고 기술은 신체를 통하여 만들어내는 것이기 때문에 기술연습이나 트레이닝은 우선 그 기술에 필요한 신체적 부분을 사용하는 방법을 이해하는 데에서부터 시작되어야 한다. 즉 동작의 구조를 잘 이해해야 하는 것이다. 원인을 파악하고, 대책을 세우고, 구조를 이해해야 실력을 향상시킬 수 있는 방법이 보인다.

현재 야구계에서 사용되고 있는 기술용어는 모두 감각을 표현한 것일 뿐 명확한 정의가 확립되어 있는 것은 하나도 없다. 이제는 구체적인 동작의 구조에 관한 공통의 이해가 이루어져야 하는 시기다. 모든 기술을 동작의 구조로서 폭넓게 이해할 수 있어야 야구계는 바닥에서 정점까지 가속적인 발전을 이룰 수 있다. 동작의 구조에 바탕을 둔 이 기술을 지도하는 것이 야구계의 스탠더드로 자리를 잡는 것이 나의 바람이다.

마에다 켄前田健(BCS Baseball Performance 대표)

BCS 베이스볼 퍼포먼스 안내

베이스볼 퍼포먼스의 발상

야구의 퍼포먼스 향상을 위해서는 무엇보다 효과적인 신체 사용법의 습득이 중요하다는 생각을 기반으로 "야구에 효과적인 움직임을 만들어, 그 움직임을 강화하기 위해 트레이닝을 한다", "야구의 동작구조에서부터 퍼포먼스에 이르기까지 정말 효과적인 트레이닝을 독자적으로 만들어낸다"는 것이 베이스볼 퍼포먼스의 발상입니다. 그러한 "신체 사용법"을 기반으로 한 노력에는 당연히 "야구의 동작구조를 세부까지 해명한다"는 분석작업이 따라다닙니다. 그러다보니 어느새 "야구의 동작구조에 대한 지식과 분석력"이 트레이닝 코치로서 저의 가장 큰 "무기"가 되어 있었습니다.

일본 프로야구 한신 타이거즈를 퇴단하고 자유 코치로 독립함에 있어 "자신밖에 없는, 그 누구에게도 지지 않는 강점이란 도대체 무엇인가", "앞으로 야구계에 내가 어떻게 기여할 수 있는가"를 다시 한 번 생각했습니다. 그때 떠오른 것이 저의 "무기", 다시 말해 "야구의 동작구조에 대한 지식과 보는 눈, 그 기초가 되는 동작의 분석력은 누구에게도 뒤지지 않는다"는 것이었습니다.

독립 당시에는 야구 동작의 동작방식을 기반으로 한 야구 전문 트레이닝 지도를 활동의 중심으로 할 생각으로 "Baseball Conditioning Systems"이라는 이름으로 출발했습니다. 그리고 야구의 동작 메커니즘에서 트레이닝을 생각해 "베이스볼 키네틱 트레이닝Baseball kinetic training"이라는 제목으로 잡지 연재를 시작했습니다. 그런데 지도의 예약은 트레이닝 지도보다 "동작 개선지도"에 집중되었고, 연재에서는 동작구조에 대한 해설에 큰 반향이 있었습니다.

저는 거기에서 처음으로, 지금의 야구계에 요구되고 있는 것은 감각이나 이미지에 치중하는 현재의 애매한 기술론을 동작구조, 신체구조라는 관점에서 구체적으로 설명하고, 무엇이 정말 옳고 무엇이 잘못됐는지 명확한 근거를 제시해서 정리하는 것이라고 깨달았습니다. 그리고 그것은 트레이닝 코치로서 항상 분석적인 눈으로 야구 동작을 봐왔던 저의 가장 특기인 부분이며, 그것이야말로 앞으로 야구계의 발전에 가장 기여할 수 있는 저의 존재가치라고 느꼈습니다.　　　－ 마에다 켄前田健

동작개선 지도란 무엇인가?

동작을 개선한다는 것은 전혀 경험한 적 없는 새로운 동작을 경험시켜 그것을 반복하여 정착시키는 것입니다.

좋은 동작에는 이유가, 나쁜 동작에는 원인이 있습니다. 동작개선 지도를 받으면서 "열리는 것을 참아라!", "팔꿈치를 더 높이!", "돌진하지 마!"라는 지시를 받는데, 그것을 의식하는 것만으로는 개선할 수 없습니다. 그것은 다른 원인에서 연동된 동작으로 "어떻게 해서든 그렇게 되어버리는 것"이기 때문입니다.

그 문제를 해결하려면 근본 원인에 대한 접근이 필요합니다. 그것은 나쁜 동작에 한정된 것만이 아니라, 좋은 동작도 그 동작이 자동적으로 그렇게 되는 데는 이유가 있습니다. 즉 모든 동작은 어떤 원인 동작의 결과로서 "그렇게 되기 위해 움직이고 있다는 것", "일어나도록 하여 일어나고 있다"는 필연적인 것입니다.

그러므로 지도자는 동작의 구조를 구조적으로 이해하고 있어야 합니다.

스텝 1　지도의 시작 – 현재의 폼을 VTRvideo tape recorder로 촬영합니다.

스텝 2　해설, 과제 확인 – VTR을 보면서 효과적인 신체 사용법은 어떤 것이며, 그것은 왜 그럴까, 퍼포먼스를 향상시키기 위해 필요한 신체 사용법이나 현재의 문제점은 어디에 있으며, 그 문제의 움직임은 왜 생기고 있는가 등 선수의 수준과 이해력에 상응하는 내용을 구체적으로 설명하고, 앞으로의 노력과 익혀야 할 목표를 명확하게 제시합니다.

처음에는 코치가 말하는 것을 납득할 수 있으면 충분합니다. 개선 드릴(기능이나 능력을 향상하기 위한 반복 학습)을 통해 이해는 깊어지고, 끝날 무렵에는 감각으로도 "이런 것이 있구나!"라고 알 수 있습니다.

스텝3 개선 레슨 – 개선 드릴이나 각종 움직임 만들기 체조를 단계적으로 추진하여 그 자리에서 새로운 동작을 만들어 감각을 심어갑니다. "그 날에 갈 수 있는 곳까지 간다!"는 것이 기본자세입니다. 그동안 필요에 따라 VTR로 현재 상황을 확인하면서 동작의 이해가 깊어져갑니다. "필요한 동작을 이해하는 것", "자신이 할 수 없었던 원인을 이해하는 것"이 향상을 앞당기는 중요한 포인트이며, 그것은 초등학생도 가능합니다. "아하! 그렇구나!" 하는 스스로의 자각을 늘일 것입니다.

스텝4 정리 – VTR로 개선 연습 후의 폼을 보고 무엇이 되면서 볼이나 스윙이 좋아졌는지, 무엇이 아직 충분히 익혀지지 않았는지를 확인하고, 그 불충분한 동작이 금방 안 된 원인이 무엇인지, 그 움직임이 될 수 있게 하려면 어떤 연습과 트레이닝을 해야 하는지 등 향후 극복해야 할 과제는 물론, 집이나 그라운드에서 스스로 실천해야 할 연습방법을 알려드립니다.

스텝5 지도 종료 – VTR은 집에서 복습하기 위해 가져갈 수 있습니다. 그리고 다음 예약 희망 날짜를 코치와 상의해서 정합니다.

BCS 베이스볼 퍼포먼스 한국 점

무엇을 누구로부터 배웠다는 것으로 야구 인생이 바뀝니다. BCS~Basebase Conditioning Systems~ 베이스볼 퍼포먼스는 투구와 타격의 올바른 신체 사용법을 몸에 익히는 것을 목적으로 하는 "야구 개인기술 향상 전문 스쿨"입니다.

현재 여러분이 목표를 가지고 연습하고 있는데 생각과 같은 결과가 나오지 않아 힘든 것은 알지만, 무엇을 어떻게 개선해야 할지 모르는 등 각각의 상황이 있다고 생각합니다. 야구계 전체가 기술을 알고 있는 듯하지만, 그 파악하는 방법은 여전히 감각적인 세계에서 벗어나지 못하고 있으며, 아직도 애매모호한 것이 현실입니다. 지도자들이 "왜 그렇게 되는지"에 대한 신체구조를 알고 있지 않으면 단순히 문제를 지적하는 것만으로 끝나버립니다. 다시 말해 우리 몸의 움직임, 즉 '작동원리'를 알고 그 원인이 분명해야 할 일이 명확해집니다.

BCS 베이스볼 퍼포먼스에서는 사람의 몸 구조를 정확히 이해하고, 어떤 부위가 어떻게 사용되어야 하는지를 구체적으로 설명하고, 그것을 바탕으로 지도합니다. 우리는 동작개선이 전문입니다. 어느 영역이나 마찬가지겠지만, 야구에도 선천적으로 재능이 있는 사람은 확실히 있다고 생각합니다. 하지만 재능이 있다고 말하는 선수도, 재능이 없다고 말하는 선수도 최종 도달점은 결정되지 않았습니다. 재능이 없다고 생각하는 사람이 자신의 본래 능력을 최대한 발휘하는가 하면, 일부 재능이 있는 사람이 자신의 재능을 전혀 발휘하지 못하는 것이 현실입니다.

하지만 분명한 것은 모든 선수가 더 잘 될 수 있는 능력이 있음에도 아직 그 능력을 알지 못해 제대로 터트리지 못한 미개발 부분 투성이라고 생각합니다. 이런 현실에서 제가 목표로 하는 것은, 야구를 좋아하고 열심히 노력하는 선수가 올바른 노력으로 실력이 향상되어 재능 있는 선수들과 호각으로 맞붙을 수 있는 야구계의 완성입니다.

– 김우식(BCS 베이스볼 퍼포먼스 한국 점 대표)

| BCS 베이스볼 퍼포먼스 요금체계 |

개인 입회금	개인입회: 50,000원	
월 회비(입회금 별도)	사회인	100,000원(2:1 지도시 80,000원)
	초등생	100,000원
	중등생	120,000원
	고.대생	150,000원
	프로 선수	200,000원
정기 지도	100,000원 (사회인 / 초등생)	매주 1회 / 4회 380,000원
		매주 2회 / 8회 720,000원
	120,000원 (중등생)	매주 1회 / 4회 460,000원
		매주 2회 / 8회 880,000원
	150,000원 (고, 대생)	매주 1회 / 4회 580,000원
		매주 2회 / 8회 1,120,000원

| 2개의 프로그램 요금 |

1. 개별상담 동작분석 + 메커니즘 해설	3만원 / 30분(투, 타 중 하나)
	6만원 / 60분(투, 타 양쪽)
2. 개별상담 동작분석 + 메커니즘 해설 + 포인트 동작지도 체험	8만원 / 분석해설 30분 + 동작지도 30분 (투, 타 중 하나)
체험 프로그램 특전	당일에 주 1회의 "정기지도 코스"를 예약하는 분은 입회금 5만원 – 무료

※ 체험 프로그램 신청은 1, 2 어느 것이든 회원당 한 번으로 한정하겠습니다(다음 회부터는 평상시의 지도 프로그램이 되겠습니다).

| BCS 베이스볼 퍼포먼스 한국 점 |

서울: (우) 05583 서울 송파구 백제고분로 224 창대빌딩 지하 2층
    (예약 상담 070-4144-9100 / HP 010-9039-5130)
경기: (우) 14305 경기도 광명시 범안로 1040 골드프라자 601호
    (예약 상담 070-8862-9100 / HP 010-3839-6757)

• 홈페이지: www.bcs-bp.co.kr
• 페이스북: https://www.facebook.com/baseballBCS

마에다 켄의 투구 메커니즘 1 – 투수 이론편

지은이 | 마에다 켄(前田健)
옮긴이 | 이정환
펴낸이 | 박영발
펴낸곳 | W미디어
등록| 제2005-000030호
1쇄 발행 | 2017년 1월 4일
주소 | 서울 양천구 목동서로 77 현대월드타워 1905호
전화 | 02-6678-0708
e-메일 | wmedia@naver.com

ISBN 978-89-91761-91-9 (03690)

값 18,000원